OUT&PROUD

Willkommen in deiner neuen Welt!

OUT & PROUD

Text: Stephan Niederwieser

Bildnachweis:
Black & White Fotodesign; www.blackwhite.de: Seite 51
George Duroy für Bel Ami. All rights reserved Bel Ami® is a registered trademark of George Duroy. belamionline: Seiten 4-5; 16; 75; 154-155; 166; 171; 184; 188
Hot House Entertainment; HotHouse.com: Seite 181
Ohm Phanphiroj; OhmPhotography.com: Seiten 12; 24; 29; 33; 43; 48; 58; 60; 68; 97; 112; 127; 139; 145; 163; 200
PhotoCase.com: Seiten 21; 22
Steven Underhill, USA; www.StevenUnderhill.com: Seite 176
ZIK / EXPRESS: Seite 37
James Patrick Dawson: 55; 85; 92; 108; 120; 132; 192
Hermann Mayr: Seite 64
www.bussmann-design.de: Seite 70; 76; 90; 114
Sabrina Hirschfeld: Seite 110
Ger Levering: Seite 118
Martina Führer: Seite 122
Luici Neef: Seite 130
Spexter.com & kinkinprint.com: Seite 134
Simon Bless: Seite 142

Kleiststr. 23-26, 10787 Berlin
info@brunogmuender.com

Covergestaltung von Henning Wossidlo unter Verwendung eines Fotos von © 2003 Steven Underhill, USA, www.StevenUnderhill.com

Layout: Enrico Dreher

Printed in E.U.

ISBN 3-86187-994-8

Bitte fordern Sie unseren kostenloses Verlagsprogramm an!

Stephan Niederwieser

OUT & PROUD

Willkommen in deiner neuen Welt!

BRUNO GMÜNDER

„Nicht da ist man daheim, wo man seinen Wohnsitz hat, sondern wo man verstanden wird.“

Christian Morgenstern

Die Regenbogenfahne ist das Symbol, mit dem sich Menschen zu erkennen geben, die für Anderssexuelle offen sind.

REISEVORBEREITUNGEN

***Willkommen in deiner neuen Welt* lautet der Untertitel dieses Buches.**
Für die Entdeckungsreise das Wichtigste im Überblick ...

Einwohner: Homo sapiens mit besonderer Berücksichtigung auf Homophobiens und Homophiliens klemmi

Währung: Wahrheit

Hauptstadt: Herz und Seele

Religionen: n. a.

Klima: im Wandel

Niederschlag: selten

Reisezeiten: ganzjährig – außer an Weihnachten und Geburtstagen von der Oma!

Anreise: gut gerüstet und ohne aufdringliche Parfüms (kann zu Sticheleien führen)

Gesundheitsrisiken: keine. Im Gegenteil. Stärkt das Immunsystem, stärkt das Selbstbewusstsein, steigert die Lebensfreude

Reiseapotheke: ein kleiner Schnaps kann nicht schaden, oder wie die Wikinger sagen: „Aller guten Dinge sind drei ...-ßig"

Reiserücktrittsversicherung: nicht notwendig

Empfehlenswert: Coming-out-Gruppe, Berater im Selbsthilfeverein, Buddys aus dem Internet, www.stephan-niederwieser.de

Sehenswürdigkeiten: im Spiegel

Übernachtungsgelegenheiten: auf Filzläuse achten!

Wichtige Events: siehe Kapitel *Wissen ist Macht*

Beratungsstellen: ebd.

DAS IST DRIN

Das ist drin

Gemischte Gefühle

So werden hässliche Enten zu stolzen Schwänen

Auf einen Blick

Coming-out-Geschichten

„HALLO! IST DA JEMAND?“

Vermutlich kommst du dir ziemlich einsam vor. In deiner „alten“, vertrauten Welt fühlst du dich nicht mehr zu Hause, und in der neuen bist du noch nicht angekommen.
Nun würde ich gerne schreiben: Gratuliere, du hältst eine Landkarte in der Hand! Folge der roten Linie bis zur Kreuzung, biege dort nach rechts ab und nach 200 Metern bist du „am anderen Ufer“. Aber das kann ich nicht, denn die Wahrheit ist viel cooler und erschreckender zugleich: Du bist längst zu Hause, du weißt es nur noch nicht. Daher: Willkommen in deiner neuen Welt!
Ich seh schon, das reicht nicht. Bitte die Fanfare jetzt einspielen!

Tatatatataaaaa

WILLKOMMEN IN DEINER NEUEN WELT!

Spätestens mit der Entscheidung, dieses Buch aufzuschlagen, bist du bereits angekommen. Ja, sicher, du kennst dich hier noch nicht so richtig aus, aber das kriegen wir schon hin, schließlich weißt du tief in dir bereits, wo du hingehörst – sonst hättest du dieses Buch gar nicht erst in die Hand genommen.
Unsicherheit ist da, vielleicht sogar Angst, und die wollen wir nicht wegmachen, denn es ist besser, mit diesen Gefühlen vertraut zu werden: Weil sie dich ein Leben lang begleiten werden.

Wie bestellt und nicht abgeholt. Während des Coming-outs weiß man oft nicht, wohin mit sich.

Deine Gefühle

Noch mal zurück zu deinem Aggregatzustand: Du hast kapiert, dass du irgendwie „anders"* bist ...

- als du bisher gedacht hast,
- als deine Eltern oder
- als dein Umfeld von dir erwarten haben.

Du kannst aber dieses Anderssein ...

- noch nicht einordnen („Bin ich schwul, bi, oder als Mädchen in einem Jungskörper gefangen?") oder
- annehmen („Ich will nicht so sein!") bzw.
- weißt nicht, ob oder wie du es öffentlich machen oder
- leben sollst („Vielleicht halte ich es besser geheim?!").

Was? Du fühlst gar nicht so?
Dann kannst du dieses Buch getrost wieder zuschlagen, es wurde nicht für dich geschrieben.

Dein Andersgefühl oder Anderssein besteht darin, dass du ...

- noch nicht genau weißt, was dein Anderssein beinhaltet, oder
- es schon sehr genau weißt, weil du ...
  - schon schwul lebst,
  - dich in Frauenkleidern viel wohler fühlst,
  - dich in Männer und Frauen verliebst,
  - die Aufregung nicht verstehen kannst, die andere um dieses Ding zwischen deinen Beinen veranstalten,
  - dich in einen Menschen verliebt hast, der nicht dem Massengeschmack entspricht (einen Dicken, Alten oder Behinderten ...),
  - deine Vorliebe für SM entdeckt hast,
  - gerne ein Pornostar werden würdest, dich aber nicht traust, aus Angst vor den Urteilen der anderen,
  - einen Sohn hast, der dir gerade gestanden hat, dass er schwul ist,
  - HIV-positiv bist,
  - einen Vater hast, der sich dir gegenüber geoutet hat, und kapieren willst, was er gerade durchmacht,
  - lange schwul gelebt hast und endlich die Frau deiner Träume gefunden hast.

Aber du weißt noch nicht ...

- wie du damit fertig werden sollst,
- wie du das in dein Leben integrieren kannst, oder du
- wirst von der Angst gequält, aufgrund deines Andersseins ausgestoßen oder bestraft zu werden.

Hechel! Ich bin völlig außer Atem. Ganz schön komplex, was? Und du hast gedacht, dass dir das Coming-out leichter fallen sollte. Dagegen ist das Studium zum Atomphysiker ein feuchter Pups.

Der erste Schritt ist getan

Indem du dieses Buch gekauft hast, hast du bereits den ersten – und wichtigsten – Schritt gewagt. Nun musst du es nur noch lesen und dich mit dir selbst und den notwendigen Fragen auseinander setzen.
Was, du hast die Hosen gestrichen voll? Das ist völlig in Ordnung. Das Coming-out ist ein diffiziler Prozess. Es wäre eher seltsam, wenn dir dabei nicht mulmig zumute wäre.

Lies das ganze Buch!

Es ist sehr wahrscheinlich, dass du weißt, welche Art von Coming-out dir bevorsteht, und vielleicht willst du dich lieber gleich auf das zweite Kapitel stürzen, um das Gespräch mit den Eltern endlich hinter dich zu bringen. Aber selbst wenn dir der Inhalt des ersten Kapitels überflüssig erscheint, lies es trotzdem. In meinen Gesprächen mit Homo-, Bi- und Transsexuellen – und im daran anschließenden Blick auf mein eigenes Leben – ist mir klar geworden, dass vieles weniger out ist, als es erscheint.

Und noch etwas: Es gibt viele Arten des Coming-outs, im Wesentlichen geht es bei allen um das Gleiche. Daher werde ich mich hauptsächlich mit der Dynamik des Coming-outs als Homosexueller beschäftigen. Wo es sich anbietet, werde ich auf die Besonderheiten anderer Coming-outs eingehen.

* Ich benutze in diesem Buch den Begriff „anders" aus Ermangelung eines besseren Oberbegriffs für alle Formen (gefühlter) Sexualität, die von der Heterosexualität abweichen, in keinem Fall jedoch wertend. Sich anders zu fühlen ist genauso richtig, genauso gut und genauso berechtigt, wie sich alle füheln.

GEMISCHTE GEFÜHLE

„Erst die Fremde lehrt uns, was wir an der Heimat besitzen."

Novalis

Von Enten und Schwänen

Das Erste, woran Donald sich erinnerte, war, dass es verdammt eng war. Schön zwar, aber wirklich verdammt eng. Und mit dem nächsten Atemzug tat es einen gehörigen Knall. Was zum Teufel ...?
Er rieb sich die Augen und sah seltsame Dinge, die sich bewegten. Kugeln, die ... „Das sind Augen", sagte seine innere Stimme. „Und das sind deine Geschwister, Donald. Sei schön lieb."
„Iih", krähte eines der Geschwisterchen, „wie sieht der denn aus?"
„Sei schon lieb, Daisy", rügte die Mutter nach einem tiefen Seufzer. „Das ist schließlich dein Bruder." Wieso hatte sie eigentlich die Luft angehalten? Dann breitete sie einen Flügel über Donald aus, und der wollte sich wehren. Als er den Mund aufmachte, klang es nicht so quakig wie bei seinen Geschwistern, sondern wunderschön, so schön, dass alle die Augen aufrissen.
Nun waren die Geschwister interessiert, drückten sich an ihn heran und wollten mit ihm spielen. Donald aber verstand nicht, warum. Er sah die Faszination in ihren Augen, und wenn sie miteinander schnatterten, war es ihm, als sprächen sie eine fremde Sprache.
Am nächsten Morgen sollte Donald seine Familie auf einen Ausflug begleiten. Patsch, patsch, fielen alle der Reihe nach ins Wasser und torkelten unruhig wie Paddelboote im Sturm. Donald sprang hinterher und glitt zwischen ihnen hindurch. Gemeinsam schwammen sie hinter der Mutter her und unter dichtem Blätterwerk hindurch den Kanal entlang. Die Sonne schien, Insekten schwirrten ihm um den Kopf herum ... Wie seltsam, dachte Donald, warum halten die Fische an, wenn sie uns sehen? Und warum zwitschern die Vögel in den Bäumen so aufgeregt?
Sie gelangten in einen Entenhof. Drinnen herrschte schrecklicher Lärm, weil sich zwei Familien um einen Aalkopf stritten – am Ende schleppte ihn eine Katze davon. „Bleibt immer schön an meiner Seite", sagte die Mutter. „Und wenn wir der alten Ente begegnen, neigt eure Hälse, denn sie ist die vornehmste von allen hier. Ihr Name ist Barbra."
In dem Moment stürzte sich eine große Ente auf Donald und biss ihn in den Nacken. „Weg!", krähte Donalds Mutter.
„Der soll weg", schimpfte die beißende Ente. „Mit dem stimmt doch was nicht. Der passt nicht zu uns", quäkte sie und deutete auf Donald.
„Lass ihn in Ruhe!", sagte die Mutter, „er tut doch niemandem etwas zuleide.
„Er ist hässlich." Barbras durchdringende Stimme legte sich wie ein Mantel über das Gekreische, und mit einem Schlag verstummte die ganze Gemeinde.

Sie trägt ihre Nägel aber sehr lang, dachte Donald, und was hat sie nur für eine ungewöhnlich große Nase?
„Du solltest ihn umarbeiten", fügte Barbra trocken an.
„Ja, vielleicht ist Donald ein wenig anders", verteidigte ihn die Mutter und glättete ihm das Gefieder. „Aber er hat ein außergewöhnlich weiches Gemüt."
„Donald? Er wirkt gar nicht wie ein Junge."
„Aber er ist einer, da bin ich mir sicher."
„Oh."
Das Gekreische hob erneut an, sie verspotteten ihn. Donald hängte sich an den Rockzipfel seiner Mutter. „Ich bin doch nur ein Entchen. Was habt ihr gegen mich?", fragte er, und als sie den Klang seiner Stimme hörten, verstummten sie.
Aber schöner zu klingen, brachte ihm nur Nachteile ein. Wer ihn nicht lauthals verhöhnte, tuschelte über ihn, wenn er über den Hof tänzelte. Immer wieder hörte er sie sagen, er sei ein Kalekut. Was zum Teufel war nur ein Kalekut? Bald wusste er nicht mehr, wo er stehen oder gehen sollte, so gemein waren sie zu ihm. Tag für Tag. Als dann sogar seine Geschwister begannen, auf ihm rumzuhacken, ergriff er die Flucht. Mit einem großen Flügelschlag erhob er sich über die Köpfe der Lästerer und flog über den Bach ans andere Ufer.
Die sind gegen mich, weil ich so hässlich bin, dachte das Entlein und flog davon – nicht weit; es war ja noch jung, seine Muskeln schwach, die Federn seiner Flügel schlossen nicht dicht. Als es ganz erschöpft war, ging es nieder. In einem Moor lagerten Wildenten, und Donald legte sich zu ihnen. Als die am Morgen erwachten, betrachteten sie den Kameraden skeptisch.
„Was bist du denn für einer?", fragte die erste.
„Komm bloß nicht auf die Idee, dich in unserer Familie breit zu machen", schnatterte die zweite, ohne seine Antwort abzuwarten.
„Wir wollen dich nicht", sagte die dritte, dann flogen sie unter lautem Gekicher auf und verschwanden hinter den Wolken. Donald blieb einsam zurück. Er begann zu akzeptieren, dass er niemals irgendwo dazu gehören würde und richtete sich dort im Schilf ein Lager ein.
Am dritten Tag kamen zwei Gänse geflogen. „Höre Kamerad", sagte der eine Gänserich. „Du bist so hässlich, dass du mir leid tust. Hier ganz in der Nähe rasten an einem Moor liebliche Gänsefräuleins, die bestimmt ganz scharf auf dich wären. Willst du mitko...?"
Piff, paff, machte es, und beide wilden Gänseriche fielen tot um. Das Wasser färbte sich rot. Piff, paff. Rundum flogen hunderte

Gänse aus dem Schilf auf. Das Entlein erschrak und wollte sich gerade unter seinem Flügel verstecken, da stand ein großer Hund vor ihm und bleckte die Zähne. Jetzt werde ich gefressen, konnte es gerade noch denken, da schnupperte der Hund an ihm und wendete sich desinteressiert ab.

Donald hätte glücklich sein sollen. Meine Hässlichkeit hat mir das Leben gerettet, dachte er, aber es machte ihn nur noch trauriger. Lieber wäre er gefressen worden, wenn er nur irgendwo hätte dazugehören dürfen. Das machte ihn so depressiv, dass er einschlief.

Als er am nächsten Morgen erwachte, war ihm klar, dass er hier nicht bleiben konnte, anderswo würde er es besser haben. So breitete er seine Flügel aus und flog – weiter und weiter, immer weiter weg, um möglichst nicht mehr an seine Heimat erinnert zu werden.

Donald landete an einem Hof, vielleicht würde er ja hier Anschluss finden. Eine Henne traf er, hinten lag ein Kater in der Sonne, und eine alte Frau saß in der Stube und strickte.

Die alte Frau konnte schon nicht mehr gut sehen und hielt Donald für eine fette Ente, die sich in ihre Stube verirrt hatte. Sie steckte ihn in einen Stall, nun hatte er endlich ein neues Zuhause.

Die Henne war sehr eitel. „Kannst du Eier legen? Na bitte, dann halt gefälligst die Klappe“, sagte sie. Und der Kater fragte: „Kannst du einen Buckel machen und fauchen? Na bitte, dann halt gefälligst die Klappe.“

Und mit jedem Tag wuchs Donalds Sehnsucht, auf einem Teich zu schwimmen, kopfüber unterzutauchen und das Wasser über dem Kopf zusammenschlagen zu spüren.

„Frage unsere Herrschaft, was sie davon hält“, sagte die Henne. „Sie ist klüger als alle Wesen. Meinst du, dass die alte Dame Lust hat, auf dem Grund eines Teiches herumzutauchen?“

„Du verstehst mich nicht.“

„Wir verstehen dich nicht? Ist das ein Wunder? Sei dankbar, dass du eine warme Stube bekommen hast, und fang endlich an, Eier zu legen, sonst fliegst du raus.“

Da wurde dem Entlein klar, dass es am ganz falschen Ende der Welt gelandet war. So lief es zum Bach, sprang hinein und schwamm davon.

Der Herbst kam, die Bäume färbten ihre Blätter gelb und braun, und die Luft wurde immer kälter. Auf dem Zaun stand ein Rabe, „Au, au!“, schrie der, so kalt war ihm. Donald sah einen Schwarm sehr großer Vögel zum Himmel aufsteigen. Sie waren weiß und elegant. Er hatte noch nie solche gesehen – blendend weiß, mit langen geschmeidigen Hälsen –, ihm wurde ganz sonderbar zumute.

Ein Gesang entsprang seiner Kehle, der ihn erschreckte. Zu gern wäre er ihnen hinterhergeflogen, ja, etwas lockte ihn, mehr noch, zog ihn. Aber er war schon zu hässlich für die Enten, nie würden Vögel von solcher Schönheit ihn akzeptieren?

Es wurde kalt und kälter. Donald musste auf dem Teich herumschwimmen, damit das Wasser um ihn herum nicht zufror, aber der Kreis wurde immer enger. Bald musste er mit den Füßen treten, um das Eis zu brechen. Als ihn die Kraft verließ, fror er fest.

Da kam ein Bauer, zog ihn aus dem Eis und brachte ihn zu seiner Frau nach Hause. Die Kinder liefen auf ihn zu; Donald glaubte, dass ihm wieder etwas zuleide getan werden sollte und tappte aus Angst in eine Schüssel mit Milch, die über den Boden spritzte. Die Frau schlug die Hände über den Kopf zusammen; der Schrecken ließ Donald aufflattern, das Butterfass stürzte, ein Mehlsack fiel um, die Kinder lachten und schrien. Gut, dass die Tür offen stand, Donald ergriff die Flucht.

Er überstand den Winter an einer warmen Quelle im Moor, und sobald die Sonne wieder schien, breitete Donald seine Schwingen

„Ich bin so hässlich“, denkt Donald. „Viel zu groß und viel zu blass.“

aus, die ganz weiß geworden waren und viel größer schienen. Mit jedem Schlag stieg er höher auf und flog und flog und flog wie von einer unsichtbaren Macht geführt. Er landete in einem prächtigen Garten, wo die Apfelbäume schon in Blüte standen, der Flieder duftete und neigte sich mit seinen schweren Ästen hinunter in den Kanal. Aus dem Dickicht kamen drei feine Schwäne getrieben. Donald sah die Tiere und wurde erneut von einer seltsamen Traurigkeit befallen. Er wollte zu ihnen, mit ihnen durchs Wasser gleiten,

„Was gibt es Schöneres, als in seinem Element zu Hause zu sein?“

aber er wagte es nicht. Sie werden mich totschlagen, fürchtete er, nur weil ich es wage, mich ihnen überhaupt zu nähern. Und dann: Aber ich will lieber sterben, als noch länger in der Einsamkeit zu leben, als im Winter zu frieren und verspottet zu werden.
So schwamm er direkt auf sie zu. Sie spreizten ihre mächtigen Schwingen und wedelten wild. „Ja, tötet mich nur“, sang Donald mit seiner wunderschönen Stimme und neigte dann demütig den Kopf. Aber was sah er da auf der Oberfläche? Das Spiegelbild zeigte keinen plumpen und grauen Vogel, sondern ein wunderschönes Antlitz mit langem Hals und schneeweißem Gefieder.
Da spürte er Federn. Die anderen fassten ihn an, streichelten und liebkosten ihn, alle waren an ihm interessiert, ja sie buhlten gar um seine Aufmerksamkeit.
Kinder warfen ihm vom Ufer aus Brot entgegen und riefen: „Seht, da ist ein Neuer. Ein neuer Schwan ist angekommen.“ Sie freuten

sich. „Und schaut nur, wie schön er ist. Er ist wahrlich der schönste von allen." Und die Schwäne verneigten sich vor Donald.
Der aber fühlte sich beschämt. Er erinnerte sich, wie er verfolgt und verhöhnt worden war, und nun fanden ihn alle schön. Selbst der Flieder bog seine Zweige zu ihm hinunter. Da brauste das Glück in ihm auf: Davon habe ich nicht mal geträumt, als ich noch ein hässliches Entlein war.

Fortsetzung folgt ...

Im Original ist das eine Kindergeschichte, die den Namen *Das hässliche Entlein* trägt und von einem geschrieben wurde, der es wissen muss. Hans Christian Andersen wurde vor über 200 Jahren in Dänemark geboren, war schwuler als ein rosafarbenes Hollandrad und kam trotz großer Nase nie richtig zum Zug.
Da schreibt ein versteckt lebender Homosexueller ein Märchen über das Coming-out und kreiert damit eine Märchenfigur, mit deren „Transformation" sich nun bald zwei Jahrhunderte lang unzählige Menschen, gleich welchen Alters identifizieren können. Ist das nicht interessant?

Das Schwan-unter-Enten-Gefühl

Fangen wir ganz vorne an, bei diesem Schwan-unter-Enten-Gefühl: Manche fühlen sich – wie in der Geschichte beschrieben – schon früh ihrer Familie oder Gleichaltrigen nicht zugehörig, rätseln gar, ob sie überhaupt von ihren Eltern gezeugt wurden. Bei anderen stellt sich dieses Andersseinsgefühl erst später ein, z.B. weil sie das Knutschen mit Mädchen im Unterschied zu ihren Schulfreunden nicht die Bohne interessiert, oder weil sich Fantasien einstellen, Sex mit dem Lehrer, dem Nachbarn oder dem Fußballtrainer zu haben. Oder das Andersfühlen beginnt aufgrund einer körperlichen Erfahrung, beim Sport zum Beispiel, beim Raufen oder durch den Anblick von nackten Körpern unter der Dusche.

Wenn ein Junge dann beim Blättern in den Katalogen von Sexshops merkt, dass seine Freunde von den Brüsten der Frauen schwärmen und die knappen Schlüpfer befingern, sich bei ihm aber die Erregung durch den Blick auf die gierigen Augen seiner Schulfreunde einstellt, beginnt ihm zu dämmern, dass er sich nicht nur anders fühlt, sondern tatsächlich anders ist.

„Ich spürte zum ersten Mal, wie rau sich ein Dreitagebart anfühlt. Danach war die Haut auf meinem Gesicht und meiner Brust gereizt, und ich fragte mich, wie viele Frauen das wohl schon erlebt hatten und warum ich das nun ertragen musste." Kevin

In vielen Fällen beginnt das Coming-out wenig konkret, z.B. mit der Wahrnehmung, dass etwas nicht zusammenpasst, mit Zweifeln, einem dummen Kommentar („Du bist ja kein richtiger Mann", o.Ä.), der einen nicht mehr loslässt, manchmal auch mit einer Erwartung: Mir ging es so, als ich vor vielen Jahren zusammen mit meiner damaligen Freundin meine Schwester besuchte, und die hörbar erleichtert sagte: „Und ich hatte schon Angst, du wärst schwul". Ich schäumte wie eine warme Cola. Wie sie nur so etwas denken kann!, begehrte ich innerlich auf – und legte mir dabei die Hand zum Colliergriff an die Brust –, weil die Frage an einer Wahrheit rührte, die ich schon lange kannte, aber nicht wahrhaben wollte.

Am Rande einer kleinen niederbayerischen Kleinstadt, in einem konservativen Winkel Deutschlands aufgewachsen, war – außer bei mir selbst – nirgendwo auch nur das leiseste Schillern von Homosexualität zu erahnen; ich fühlte mich wie ein Außerirdischer.

Fragen und Zweifel dauern in der Regel länger, bevor sie den Betreffenden dazu bringen, sich mit sich selbst auseinander zu setzen. Erfahrungen, gerade körperliche, wirken schneller und tief greifender, noch dazu, wenn sie positiv verlaufen.

Das Leben im Zwischenreich

Je stärker die Zweifel werden, je heftiger sich einem die Fragen aufdrängen, desto mehr gleitet man in eine Art Zwischenreich hinüber. Die Kluft zwischen der Rolle, die man innehat, die man gewohnt ist zu spielen, und dem, was man innerlich fühlt, wächst. Man zeigt nur den bekannten Teil von sich, den anderen, vermeintlich neuen versucht man zu verstecken. Diese Grätsche kann Angst machen, in jedem Fall jedoch zutiefst verunsichern: Bin ich krank?

„Es ist ein langer Prozess, so was geht nicht von heute auf morgen. Insofern sollte man auch seinen Eltern, Verwandten und Freunden Zeit lassen. Denn man selbst hat sich beim Coming-out schon länger mit seinem Schwulsein befasst, die anderen haben erst ab diesem Zeitpunkt Gelegenheit dazu!" Oliver

Wer seine Gefühle so weit einordnen kann, dass er sie als homosexuell identifiziert, hat es nicht unbedingt leichter, denn das, was Medien zeigen (oder lange gezeigt haben), ist nur wenigen auf Anhieb sympathisch: weibliche Schwule, Männer in Uniformen, in Leder oder mit Gasmasken.

Auch die schwulen Zeitschriften, wenn man überhaupt welche in die Hände kriegt, zeichnen ein Bild schwulen Lebens, mit dem sich viele nicht identifizieren können (oder wollen): mit dem Schwerpunkt auf Partys, Sex (per Telefon, Internet, Kleinanzeigen, Pornographie ...), Körperkult, Szeneleben, Fernreisen, deren Beschreibung wieder nur darauf reduziert ist, wo man die schrillsten Partys feiern kann, wie schön die Männer dort sind und wie die Sexanbahnung in fremden Gefilden funktioniert. Kultur beschränkt sich auf oberflächliche Buch- und Popmusikkritiken und Besprechungen schwuler Filme, von Kunst im Sinne von Theater, Oper und Ausstellungen keine Spur. Ältere Menschen tauchen nicht auf, Behinderte nicht, ja nicht mal Durchschnittliche. Schwule scheinen durchweg muskulös, gestylt und wohlproportioniert zu sein, was man selbst – wenigstens zu Beginn des Coming-outs – selten ist.

„Da war natürlich die ‚Oh Gott, ich bin schwul'-Phase. Ich wusste, ich war schwul, konnte daran nichts ändern, und es nervte mich, dass ich anders war als die anderen." Marcus

Dazu die Vorurteile aus religiöser Erziehung sowie die Berichte über die Konsequenzen schwulen Lebens (ob die Inhalte berechtigt sind oder nur ausgewalzte Vorurteile darstellen, vermag man da ja noch nicht zu unterscheiden): diskriminiert werden, verkloppt werden, nur instabile Partnerschaften führen können, am Rande der Gesellschaft stehen, nicht integriert werden, im Alter einsam sein, Aids kriegen, und natürlich eine höhere Wahrscheinlichkeit, Selbstmord zu begehen.

Wer will schon so leben?

Man entwickelt sich von einem mehr oder weniger in sein Umfeld integrierten Menschen zu einem, der nirgendwo mehr dazugehört (nicht mehr in sein altes Leben, noch nicht in das neue), und das ist sicher eine der schwierigsten Erfahrungen überhaupt, auf die ich später noch zu sprechen komme.

Come out! Nur für dich selbst

Aber das sind „nur" die Probleme im Außen. Eine „Anderssexualität" anzuerkennen, ist aber vor allem für einen selbst ein Problem, das beweisen die vielen Berichte von Männern, die sich, obwohl sie schwule Vorbilder haben und in einem Umfeld leben, das schwulenfreundlich ist, lange gegen ihre Homosexualität wehren. Der kleine Bruder meines ersten Lebensgefährten brauchte Jahre, um seine Familie mit der Nachricht zu beglücken, dass er schwul ist – trotz offen schwul lebendem großem Bruder, trotz lesbischer Schwester, trotz New York. Er hat es erst geschafft, nachdem er das Elternhaus verlassen hatte und in einer weit entfernten Stadt mit dem Geliebten zusammengezogen war.

„Ich wusste, dass ich anders bin, aber ich hatte keinen Namen dafür." Cliff

Dieses Phänomen findet sich immer wieder (z.B. in Büchern: *Alte Hasen, junges Herz*; *Und was sagen die Kinder dazu?*; *Beyond Coming Out* ... siehe *Lesetipps* am Ende des Buchs). Warum das so schwierig sein kann – und für manche ein Leben lang bleibt – wollen wir uns nun mal etwas genauer ansehen.

DIE GRÖSSTEN ÄNGSTE VOR DEM COMING-OUT

- Als Schwuler wird man ausgegrenzt
- Durch das Coming-out verliert man seine Freunde und Familie
- Schwule können keine Familie haben
- Man wird zu einem dieser Stereotypen, die die Medien immer präsentieren: weibisch, schrill, sexsüchtig
- Man läuft Gefahr, körperlicher Gewalt ausgesetzt zu werden
- Man hat schlechtere Aufstiegschancen im Beruf
- Man wird gemobbt
- Schwul sein ist eine Sünde, für die man bestraft wird
- Schwule bekommen Aids
- Schwule gelten als oberflächlich

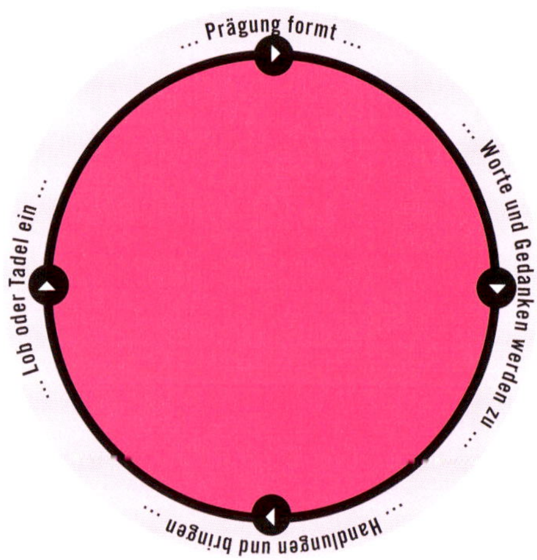

Warum das Coming-out so schwierig sein kann

Ein kurzer und sehr reduzierter Einblick in die Entwicklung der menschlichen Persönlichkeit wird dir helfen, das Ganze besser zu verstehen: Wir Menschen werden als armselige Würstchen geboren, denen als Mittel der Kontaktaufnahme über die Geruchsentwicklung hinaus einzig das Krähen zur Verfügung steht.

Unsere Festplatte ist zum Zeitpunkt der Geburt sicherlich nicht leergefegt, aber wie viele Informationen bereits gespeichert sind, weiß niemand. Dass aber einige Programme schon laufen, ist unumstritten – sie werden genetisch übertragen. Buddhisten würden an dieser Stelle einwerfen, dass jeder Mensch von seinen Taten, Worten und Gedanken aus der Vergangenheit (den früheren Leben) geprägt wird, aber damit wollen wir uns an dieser Stelle nicht beschäftigen.

Der frisch geborene Otto-Normalverbraucher muss sich ein Selbstbild aufbauen, und die Psychologie weiß schon lange, dass ein jedes „Jo mei, was kann der aber schön zeichnen ...", „Ist das aber ein hübscher Bub", „Und wie der nähen kann ..." prägt. So formt sich unser Selbstbild nach und nach aus den Kommentaren und „Urteilen" unserer Umgebung, aus unseren Taten, die daraus folgen, aus der Bestätigung oder Ablehnung unseres Verhaltens usw.

„Wenn man offen auftritt und sich nicht verleugnet, dann wird man auch akzeptiert. Nur ab und zu redet mal einer dumm daher, aber das gehört halt dazu." Adi

Dieses Selbstbild setzt sich aus der Bewertung des eigenen Aussehens zusammen, aus der Wertschätzung des eigenen Körpers, wie viel oder wenig wertvoll man sich selbst schätzt, welchen Sinn für Gerechtigkeit man entwickelt, für Moral, Spiritualität etc. Ab den ersten Monaten werden bis zum etwa sechsten Lebensjahr ganz grundlegende Weichen gestellt: Inwieweit man sich in dieser Welt zu Hause fühlt, angenommen, erwünscht, geliebt, ob man genug hat, ob das, was man tut/wie man ist, genügt, oder ob Anstrengung notwendig ist, um Anerkennung zu erfahren, und ob

Man schaut in den Spiegel und erkennt sich nicht. Das, was man sieht, und das, was man fühlt, passen nicht mehr zusammen.

man seinen Willen, seine Kreativität, seine Fähigkeiten ausleben darf oder unterdrücken muss ...
Was in unserer westlichen Gesellschaft dabei garantiert nur in einem von hundert Milliarden Fällen passiert, ist, dass es zu einer Situation wie dieser kommt:
Die Tante beugt sich über den Kinderwagen, blickt in die großen, von langen dunklen Wimpern umkränzten Augen des kleinen süßen Babys und sagt: „Duziduzidu, das ist aber eine süße kleine Schwuchtel. Hinter deinem Hintern werden sie her sein, wie der Teufel hinter der armen Seele."
Leider!

Heteronormativität

In Gesellschaften, die auf Zweigeschlechtlichkeit aufbauen, ja, die sich von Andersartigkeit bedroht fühlen (Heteronormativität), fehlt es an positiv besetzten Bildern von allem, was von der Norm abweicht. Wieviel leichter hätten wir es mit dem Coming-out, wenn wir in einem Umfeld aufwüchsen, in dem küssende Männer an der Tagesordnung sind, in dem Parteivorsitzende ihre Lebensgefährten nicht mehr verstecken, in dem Pfarrer ihren Gespielen bei der sonntäglichen Kommunion liebevoll die Stirn küssen, bevor sie ihnen die Hostie auf die Lippen legen. Und wenn man als 8-Jähriger beim Kaffeekränzchen auf die Frage nach dem Analverkehr erklärt bekäme: „Das ist, wenn der Papa seinen Riesenprügel bei der Mama da reinsteckt, wo die Wurst rauskommt. Das macht der Mama nämlich Spaß. Und dem Papa erst, wenn die Mama den Dildo anschnallt und den ihm reinsteckt. Das ist nämlich sehr gesund für die Prostata vom Papa. Regelmäßige Massage beugt dem gefürchteten Prostatakrebs vor."

„Seit ich [meiner Mutter] das [mein Positivsein] gesagt habe, herrscht eine irre Ehrlichkeit und Offenheit, das Verhältnis hat sich verbessert und viele Schwierigkeiten aus der Vergangenheit sind dadurch weggewischt." Foxxx

Hilfe, ich bin schwul!

Weil uns derartige Erfahrungen fehlen, steht man dann mit seinem Andersgefühl da und kann es oft nicht mal zuordnen. Die passende Schublade fehlt, Selbstbilder, die man aufgebaut hat, sind plötzlich schief. Da fühlt man sich dann wie eine Festplatte, auf der man gerade ein Programm gefunden hat, das mit dem bisherigen Betriebssystem nicht kompatibel ist. Der Bildschirm blinkt und die Alarmsirene erschallt, und der User gerät gehörig ins Schwitzen.
Aus Angst, ja aus Panik, versucht man dieses Programm – ohne es überhaupt einer genaueren Analyse zu unterziehen – auf irgendeine

Art und Weise zu eliminieren – das kennt jeder vom PC. Die Standardantihomosoftware wird angeschmissen: Sex mit dem anderen Geschlecht, das Gespräch mit dem Pfarrer, sich Knoblauch um den Hals hängen, einem Psychofritzen das Ohr abkauen, und am Ende wird noch das Dr. Sommer-Team von der *Brav o* konsultiert.

„Ich habe mich meiner Sexualität beraubt." Egon

Wer es dann wagt, den vermeintlichen Virus nach Wochen, Monaten oder Jahren genauer zu betrachten, ahnt bald, dass er alle anderen Programme gehörig aufmischen wird. Es ist schwer vorstellbar, dass das Leben nach dieser Entdeckung einfach so weitergehen kann wie zuvor.

Programme anpassen

Ist ja so: Die üblichen Programme der Lebensplanung sehen anders aus. Frau und Kinder zu haben ist für Schwule zwar noch relativ einfach realisierbar, mit ihnen im Sinne einer klassischen Familie zusammenzuleben auf Dauer zumindest eher unwahrscheinlich. Wer bereits verheiratet und womöglich gar Vater ist, steht vor ungleich größeren Problemen.

Selbst beruflich könnte man sich umorientieren müssen? „Darf ich als katholischer Pfarrer weiterhin auf der Kanzel stehen?" „Bin ich als Parteivorsitzender einer konservativen Partei noch tragbar?" „Bin ich als Lehrer in einem Jungeninternat nicht allzu leicht erpressbar?" „Darf ich weiterhin im Fußballverein mit den Hetimännern nackig unter der Dusche stehen?"

Und nicht zuletzt ist die Geburtsfamilie betroffen. So sehr wir uns wünschen, dass Eltern, Omis, Opis und Cousinen nach unserem Coming-out applaudieren und uns liebevoll in die Arme schließen, implantiert man doch auch in ihrem Betriebssystem ein Programm, mit dem sie sich erstmal vertraut machen müssen.

Das Coming-out ist also deshalb so schwer, weil dein gesamtes Selbstbild in Frage gestellt wird, manche müssen es gar komplett über den Haufen werfen. Dieser Prozess – bis das Betriebssystem umgeschrieben ist/bis das Schwulsein nicht mehr für einen Schädling gehalten wird – kann Jahre dauern, manche schließen ihn in ihrem ganzen Leben nicht ab.

SYNONYME FÜR „HOMOSEXUELLE"

Inwieweit sie wertend oder gar verurteilend gemeint sind, ist eine Frage der Generation, von der sie angewendet werden bzw. ob sie von Schwulen selbst oder von Heterosexuellen benutzt werden.

- Schwuler
- Homo
- Schwulette
- Schwuchtel
- Perversling
- Schwester
- Warmer Bruder
- Homolette
- Schwuppe
- Tunte
- Parteimitglied
- Hinterlader

Sich ausprobieren

Eine Phase des Ausprobierens gehört dazu. Eine zweite Pubertät beginnt; die Stimme bricht (zumindest in bestimmten Situationen, gerade dann, wenn man es gar nicht brauchen kann), man kriegt immer ausgerechnet dann einen Pickel auf der Nase, wenn man endlich den Mann seiner Träume gefunden zu haben glaubt, und mit der Kontrolle über den Körper ist das auch so eine Sache.

Und frag mal ältere Homosexuelle, was sie sich in dieser Phase für Haarschnitte angetan haben. Was zieh ich an? Wen will ich darstellen? Ist es okay, in Pornokinos zu gehen, eine schwule Sauna aufzusuchen, herausfinden zu wollen, was in einem Darkroom oder auf Sexpartys eigentlich wirklich abgeht – im Gegensatz zu dem, was geschrieben, erzählt und vermutet wird?

Und hör mir auf, wenn das mit den Herzensgefühlen erst losgeht. Ist es Liebe, oder war einfach nur der Sex so geil? Reicht es mir, nur ab und zu in seinen Armen zu liegen oder will ich mir seine Liebe durch eine Urkunde verbriefen lassen? Das Gezerre zwischen Nähe, Gemeinsamkeit, symbiotischem Zusammensein und der Kampf um die Entwicklung der eignen Persönlichkeit macht es oft noch schwieriger, eine klare schwule Identität aufzubauen.

WELCHE FORMEN VON SEXUALITÄT GIBT ES BEI MÄNNERN?

- Homosexualität (Männer liebend)
- Bisexualität (Männer und Frauen liebend)
- Heterosexualität (nur Frauen liebend)
- Asexualität (keine Lust auf Sex mit anderen verspüren)
- Transsexualität (das biologische Geschlecht unterschiedet sich vom gefühlten)
- Intersexualität (die körperlichen Geschlechtsmerkmale sind nicht eindeutig)

Erschwerende Umstände

Wie schwer das Coming-out dem Einzelnen fällt, hängt von einer Reihe von Umständen ab. Auf dem Erstgeborenen lastet die Vorbildfunktion für die nachfolgenden Geschwister. Ein Sohn, von dem erwartet wird, dass er in die Fußstapfen des Vaters tritt und ein ebenso gnadenloser Boxer wird, hat es mit Sicherheit schwerer, als einer, dessen Vater Sozialpädagoge in der Schwulenberatung ist. Und die Söhne prominenter Eltern haben in der Regel voll die Arschkarte gezogen. Man mag sich gar nicht ausmalen, wie das

Manchen Menschen spielt die Natur einen Streich. Sie werden in Jungskörpern geboren, fühlen sich aber weit weniger männlich, als sie glauben sein zu müssen.

Coming-out für den Sohn des ehemaligen amerikanischen Präsidenten und Schwulenhassers Ronald Reagan ausgesehen hat. Aber auch die Söhne von all den Hansi Hinterseers dieser Welt sind einem enormen Druck ausgesetzt, vor allem, wenn ihnen von den Eltern vermittelt wird, dass ihre Karriere vom öffentlichen Auftreten der Kinder abhängt.

WIE VIELE GESCHLECHTER GIBT ES EIGENTLICH?

Diese Frage wird dich vielleicht überraschen, weil die Antwort doch so klar zu sein scheint: zwei, Mann und Frau. Aber nur deswegen, weil du in unserer Kultur aufgewachsen bist, die sich so definiert und Gott als Ausrede benutzt, um zu behaupten, er habe ausschließlich Mann und Frau geschaffen (steht angeblich in der Bibel). Bis vor kurzem wurden Hermaphroditen gezwungen, sich einem dieser beiden Geschlechter anzupassen bzw. die „Geschlechtsanpassungen" wurde gleich nach der Geburt ohne Einwilligung des Betroffenen einfach vollzogen. In anderen Kulturen und Religionen werden Intersexuelle (oft zusammen mit Transgender-Personen und Homosexuellen) als Angehörige eines dritten Geschlechts angesehen. Sally Gross, intersexuelle Theologin, hat das Konzept der Zweigeschlechtlichkeit als Gottesplan inzwischen als Übersetzungsfehler enttarnt und gezeigt, dass im jüdischen Talmud auch andere Auslegungen der Heiligen Schrift zu finden sind, in denen die Existenz von Hermaphroditen nicht nur anerkannt, sondern sogar ausdrücklich auf biblische Gestalten bezogen wird.

Transgender

Menschen, deren gefühltes und biologisches Geschlecht nicht zusammenpassen, haben in der Regel ein paar zusätzliche Hürden zu nehmen. Stell dir vor, Gerhard Schröder hätte ein Coming-out als Transe hinlegt – um mal ein extremes Beispiel anzuführen (nicht dass ich ihn als besonders prädestiniert dafür halte). Für viele bedeutet das, den Beruf oder gar die Berufung (katholische Pfarrer, Rabbiner, Imams) aufgeben zu müssen. Wer den Wohnort einfach wechseln kann, hat es da noch leicht. Eine meiner Freundinnen war Architekt und musste über einen sehr langen Zeitraum hinweg dieses Zwitterspiel der Geschlechtsumwandlung vor den Augen ihrer Kunden durchziehen. Man stelle sich vor, wie die Glaubwürdigkeit eines Psychotherapeuten in Frage gestellt würde. „Einfach" ist was anderes.

Das deutsche Recht kann den vollständigen Wandel (Transsexualität) sogar unmöglich machen: Ich kenne den Fall eines biologischen Mannes, der eine Geschlechtsanpassung vornehmen ließ, nun als Frau lebt, aber weiterhin den männlichen Namen tragen muss (mit allen Konsequenzen, z.B. im Falle eines Falles im Männergefängnis zu landen), weil er verheiratet ist, und seine Frau nach einer Scheidung finanziell ruiniert wäre. Verheiratet bleiben aber ist dem seit 45 Jahren zusammenlebenden Paar nicht möglich, weil nach deutschem Recht Frau und Frau keine Ehe führen dürfen. Krass, was? Und du dachtest, du hättest Probleme.

Erschwerende Faktoren im Detail

Auf einiger dieser Faktoren komme ich später noch im Rahmen der Mythen zu sprechen (S. 79ff), die um das Thema Homosexualität kursieren.

ERSCHWERENDE FAKTOREN FÜR DAS COMING-OUT

- Zugehörigkeit zu einer homophoben Glaubensgemeinschaft (Zeugen Jehovas, katholische Kirche, Islam, jüdische Gemeinschaft ...)
- Negative homosexuelle Erfahrungen in der Kindheit (sexueller Missbrauch)
- Negative Vorbilder (Angehörige, die durch ihr öffentliches Bekenntnis in Schwierigkeiten geraten sind)
- Lustvoller Sex mit Frauen
- Darstellung von Stereotypen in den Medien (Tunten, Transvestiten, Muskelprotze, Aidskranke, Lederkerle ...)
- Sozialer Status (Promi, verheiratet ...)
- Beruf (Papst, Bundeskanzler ...)
- Wohnort (Insel, Kleinstadt, Dorf ...)
- Umfeld (Intoleranz, kein Zugang zu Selbsthilfegruppen ...)
- Lebensgefüge (Single, bei Eltern lebend, verheiratet ...)
- Fehlende Informationsmöglichkeiten (Internet, Gruppen, Zeitschriften ...)
- Geschwister (in welchen sozialen Zusammenhängen sie stehen ...)
- Eltern (geschieden, Alter, Beruf, Bildungsstand ...)
- Körperliche Gebrechen (Epilepsie, Kontergan, Rollstuhlfahrer ...)

Hat Gott mich lieb?
Traurig aber wahr: Die meisten Glaubensgemeinschaften sind massiv homophob – die Schwestern der Perpetuellen Indulgenz mal ausgenommen. Das Traurige daran ... ach herrje, ich weiß gar nicht, wo ich vor lauter Trauer anfangen soll. Also zum einen steht Homophobie (bzw. jede Form der Diskriminierung) im krassen Widerspruch zu allem, was Glaube dem Menschen bringen soll. Wenn Jesus Blinde sehend und Gelähmte gehend gemacht hat, wieso ist nirgendwo zu lesen, dass er eine kleine schrille Tunte von

ihrem Federboa-Fimmel befreit hat, hä? Weil er das nicht als krank angesehen hat, so einfach.

VERBREITETE VORURTEILE ÜBER HOMOSEXUELLE

- Schwule sind keine richtigen Männer
- Schwule sind unecht
- Schwule sind technisch unbegabt
- Schwule sind unsportlich
- Schwule sind Weicheier, Warmduscher, Nur-bei-Grün-über-die-Ampel-Geher
- Schwule wehren sich nicht
- Schwule sind empfindlich, zickig und hinterhältig
- Schwule sind pervers und treiben's mit Kindern
- Schwule haben Aids in die Welt gebracht
- Schwule lassen sich ficken

Ja, ich weiß, so gesehen müsste man ja schon fragen, warum Gott überhaupt Homosexuelle geschaffen hat? Hatte er an dem Tag vielleicht Blähungen? Aber mit so einer Frage – die bewiese, was Gott für einen seltsamen Humor hat – würde man das gesamte Gotteskonzept in Frage stellen, und ich will ja niemandem seiner Illusionen berauben.
Wie krass die Zeugen Jehovas mit Schwulen umgehen, kannst du an Tobys Geschichte (S. 90f) nachlesen. Andere fundamentalistische Religionen werden kaum zimperlicher verfahren, weshalb von Reisen in arabische Länder (allen voran in den Iran) dringend abzuraten ist.
Wie ich bereits sagte: Die meisten Glaubensgemeinschaften sind massiv homophob. Als angehender Schwuler auch noch seinen Glauben aufzugeben, ist für manche ein bisschen viel auf einmal. Daher fällt es vielleicht leichter, den Glauben zu wechseln bzw. innerhalb deiner Glaubensrichtung eine Untergruppe zu finden, die toleranter ist, von der du Unterstützung erhältst bzw. die von Schwulen geleitet wird (s. Anhang). Ähm, nebenbei erwähnt: Buddha hat seine Nase nicht in die Betten seiner Anhänger gesteckt …

Negative Erfahrungen in der Kindheit

Stichwort Missbrauch. In unseren Breiten stellt man sich dabei gleich dramatische körperliche Handlungen im Sinne einer Vergewaltigung vor. Die Amis sind da schon weiter und wissen, dass selbst lüsterne Blicke, exhibitionistische Handlungen, Andeutungen oder Berührungen von Erwachsenen genügen, um Kinder zu verunsichern, um ihre Grenzen zu überschreiten und ihr Verhältnis zu ihrem Körper bzw. ihrer Sexualität zu beeinträchtigen.

Berichten die Medien über Homosexuelle, zeigen sie gerne gängige Klischees wie die Transvestiten … hier während des Kölner CSD. Dabei ist es für manche einfach nur Verkleidung.

DICH

Wer den Missbrauch trotz aller Ängste und Widerstände zur Anzeige gebracht hat – vorausgesetzt, es wurde ihm überhaupt geglaubt –, musste in der Regel eine Tortur des Öffentlichmachens über sich ergehen lassen. Der Schock kann so tief sitzen, dass man von Sex überhaupt Abstand nimmt, oder, dem Gegenteil davon: dass man alle Beziehungen sexualisiert. Beides kann das Comingout erschweren.

„Meine erste Beziehung half mir beim Coming-out." Reiner

Lustvoller Sex mit Frauen

Wenn ein Mann lustvolle Erfahrungen mit einer Frau macht/gemacht hat, bildet er sich vielleicht ein (schon aus Hoffnung heraus), dass er deswegen gar nicht homosexuell sein kann. Dabei ist Sexualität eben nur ein Teil der gleichgeschlechtlichen Liebe. So wie viele Schwule Sex mit wildfremden Männern haben können (Heterosexuelle auch mit wildfremden Frauen), deren Namen sie nicht kennen, die sie nicht einmal sehen (im Falle von Darkroomsex), können sie natürlich auch Sex mit Frauen haben – das beweisen die vielen nicht-outen Homosexuellen, die sich in Ehen verstecken (s. Bert, S. 94f). Herzensnähe zu ihnen entwickeln zu können oder eine erfüllte Partnerschaft mit einer Frau zu unterhalten, ist jedoch eine ganz andere Geschichte.

Stereotypen

Vielleicht hast du dich aufgrund deiner Verunsicherung in der Szene umgetan, um festzustellen, ob das die neue Schublade ist, in die du passt. Und sehr wahrscheinlich bist du dabei einer Menge von Stereotypen begegnet, einfach weil man diese am einfachsten erkennt: Kleidungsfetischisten, feminine Typen, Dragqueens ... Lass dich davon nicht abschrecken. Das ist nur ein winziger Ausschnitt aus der homosexuellen Welt. Die meisten sind ganz durchschnittliche Menschen, die in Anzug und Krawatte hinter dem Schalter der Sparkasse stehen. Alle dürfen schwul sein.

„Nicht mein Schwulsein ist das Problem, auch nicht das, was andere darüber denken, sondern dass es mich überhaupt kümmert, was andere darüber denken." Alexander

Promis

Stichst du auf irgendeine Weise heraus, z.B. weil du oder deine Eltern prominent sind, lastet noch ein ganz anderer Druck auf dir. Steven Gateley von Boyzone, der später dann eine Liaison mit Eloy von Caught in the Act einging, musste bei den Interviews immer so tun, als hätte er nichts anderes als Mädchen im Kopf. Aber: Hätte er auf den Erfolg pfeifen sollen? Genau das hätte er tun müssen, wenn er seine wahren Gefühle preisgegeben hätte. Vorbei die Karriere, vorbei der Ruhm, vorbei die vielleicht einzige Chance, etwas zu erreichen (Irland ist nicht gerade dafür bekannt, seine Bevölkerung mit Wohlstand zu überhäufen).

Seit die *Bravo* um die Jahrtausendwende damit begann, den Mädels reinen Wein einzuschenken, müssen Boybands diese Nummer nicht mehr abziehen. Aber es gibt noch verdächtig viele homofreie Zonen. Schon mal Fotos von einem Fußballprofi gesehen, der mit seinem Freund im Pool herumschmust? Oder die Schlagzeile in der Bild gelesen, dass ein Fußballgatte mit einem anderen Fußballer durchgebrannt ist? Ach, du meinst, es läge daran, dass es keine schwulen Fußballprofis gibt? Fehlanzeige.

In der katholischen Kirche sind auch keine Homosexuellen sichtbar, oder sagen wir mal, sie haben sich in den brauen Fummeln gut getarnt. Und selbst die Kultur, in der angeblich besonders häufig Schwule anzutreffen sind (ein „Positiv-Vorurteil" der Gesellschaft), kommt so gänzlich ohne gleichgeschlechtliche Lebensgefährten aus – zumindest öffentlich. Ist das nicht seltsam? Schriftsteller Michael Cunningham sagte dazu: „Schwule scheinen heute nicht mehr als Schwule wahrgenommen zu werden, sobald sie von der Gesellschaft ernst genommene Künstler sind."

Die Angst, nicht dazuzugehören

Aber nun etwas über die vielleicht schwierigste Komponente beim Coming-out: Die Angst, nicht dazuzugehören.

Thorwald Dethlefsen erklärt in seinem Buch *Ödipus, der Rätsellöser. Der Menschen zwischen Schuld und Erlösung* die „Grundschuld", mit der jeder Mensch zu kämpfen hat und die keineswegs etwas mit moralisch-sittlichen Verfehlungen zu tun hat. (Über Themen, die sich dem Zugriff auf Hammer und Nagel entziehen, lässt sich trefflich diskutieren und man kommt dabei zu keinem Ergebnis, deshalb will ich hier seine These nicht als Wahrheit verbraten, sondern nur als Anregung anheim stellen, weil ich finde, dass sie zumindest als Bild sehr anschaulich ist. Da seine Idee in vielen anderen Bereichen zu finden ist – von der Physik bis hin zur Religion –, kann sie so abwegig nicht sein.)

„‚Ich bin schwul!' Immer wieder wiederholte ich diese drei Worte und schaute in den Spiegel. Das darf doch nicht wahr sein. Ich sträubte mich gegen diese Gefühle." Beat

Einheit versus Dualität

Dethlefsen behauptet, der Mensch komme aus der „Einheit". Wenn wir die Biologie zur Hilfe nehmen, ist dieser Gedanke leicht nachzuvollziehen: Eine Samenzelle und eine Eizelle verschmelzen

miteinander. Das befruchtete Ei teilt sich wieder und wieder und wieder, ein Embryo wächst heran. Diese wuchernde Zellgeschwulst wird später durch eine Nabelschnur von der Mutter ernährt, ohne die es nicht lebensfähig wäre.
Wenn du dich nun in die Perspektive des Embryos versetzt, wirst du verstehen, dass du, vom ersten Moment an, Teil eines größeren Ganzen bist. Und das bleibst du, bis zur Geburt, bis du aus dem kuschelig warmen Nest des Uterus in die Welt hinausflutschst und die Nabelschnur durchtrennt wird. Damit geht der Mensch aus der körperlichen Einheit in die Zweiheit (Dualität), aus einem größeren, mindestens zwei Personen (eigentlich drei – wegen des Samens vom Vater) umfassenden Selbstgefühl wird die Dualität: Mama und ich, Papa und ich, andere und ich, ich und die Welt.

Die spirituelle Komponente

Spirituell betrachtet: Das, was den lebendigen Körper vom toten unterscheidet (je nach Glaubensrichtung oder Philosophie z.B. Seele oder Geist genannt), kommt ebenfalls aus der Einheit. Indem es sich aus ihr herauslöst und einen Embryo „belebt", fällt es in die Dualität (was Dethlefsen als wahre Bedeutung des Sündenfalls – Adam und Eva werden aus dem Paradies verjagt – bezeichnet).
Diese Vorstellung erklärt zumindest eine Menge Fragen, z.B. warum Menschen nach (körperlicher und seelischer) Vereinigung

METHODEN DER SELBSTVERWIRRUNG WÄHREND DES COMING-OUTS

- Eigene Gefühle reduzieren, nicht ernst nehmen, entwerten (emotionale Magersucht)
- Sexuelle Bedürfnisse reduzieren, nicht ernst nehmen, spiritualisieren (sexuelle Magersucht)
- Sexuelle Bedürfnisse vergrößern (bis hin zur Abhängigkeit, denn der stete Gedanke an Sex lenkt vom eigentlichen Problem ab)
- Depression, Verlust von Lebensfreude oder gar Lebenssinn
- Überaktivität (Karriere, Hobbys, Computersucht) und Überproduktivität
- Heiraten und Kinder kriegen
- Sexuelle Überaktivität, die man als „Abreagieren" bezeichnet, auf bloße Körperlichkeit reduziert und von der Sehnsucht nach befriedigenden sexuellen Erfahrungen abspaltet
- Alkohol- und Drogensucht
- Destruktive Handlungen gegen sich selbst
- Krank werden

streben. Dass das mit dem Fortpflanzungstrieb allein nicht zu erklären ist, beweist schon die Existenz der Homosexualität. Aber auch Heteros bleiben zusammen (vereinigt), selbst wenn die Glut der Leidenschaft längst erloschen ist. Menschen finden sich zu Paaren auch ganz ohne Sex zusammen, siehe Asexuelle oder jene, die aufgrund von körperlichen Behinderungen gar keinen Sex haben können.
Diese Vorstellung des eigentlichen Sündenfalls erklärt auch, warum Menschen bei der Vereinigung (beim Sex) transzendente (Verschmelzungs-)Erfahrungen machen können – das Ziel tantrischer Sexpraktiken (s. Bruce Anderson). Und es erklärt auch, warum ausgeschlossen oder zurückgewiesen zu werden von vielen Menschen als so schmerzlich empfunden wird. Wer sich tief im Inneren wirklich zugehörig weiß, kann sich niemals ausgeschlossen fühlen.

„Wenn ich an mein Coming-out zurückdenke, bekomme ich eine Gänsehaut. Die schlechten Erfahrungen waren auch da, doch bin ich froh, auch solche erlebt zu haben. Man verliert sonst ganz schnell den Respekt und vergisst die Bedeutung der Situation." Björn

Schwule tragen doppeltes Leid

Nicht nur müssen Schwule mit der „Vertreibung aus dem Paradies" fertig werden, sie laufen auch Gefahr, durch ihr Coming-out ihre Zugehörigkeit ein weiteres Mal zu verlieren.
Aber: Man kann dadurch verstehen lernen, dass das Heil in einer Zugehörigkeit zum Außen nicht zu finden ist. Die z.T. krampfhafte Suche nach einem Partner und der darunter liegende Irrglaube „Hätte ich nur einen Partner, dann ginge es mir besser", ist nicht zielführend, ja kann es nicht sein. Mehr dazu im Kapitel *Unter Schwänen*.

Coming-out: Definition

Bevor wir uns weiter mit den erschwerenden Ursachen auseinander setzen, möchte ich genauer betrachten, was das Coming-out eigentlich ist. Bei Wikipedia liest sich die Definition so:

> *„Coming-out (englisch = ‚herauskommen') ist der Prozess, in dem sich eine lesbische, bisexuelle oder schwule Person seiner Umwelt gegenüber zu seiner Homosexualität bekennt."*

Eine Definition, wie sie in der Gesellschaft weit verbreitet ist. Aber wird sie dem Prozess gerecht?
Coming-out kommt aus dem Englischen und heißt übersetzt so viel wie Herauskommen. Um die Bildsprache zu präzisieren: Im Englischen heißt es *coming out of the closet*:

„Nur Mädchen machen Eiskunstlauf!" Marc

Aus dem Schrank herauskommen. Der Schrank als das harmlosere Bild für das Gefängnis, in dem steckt, wer sich nicht traut, aus dem Schrank, aus dem Versteck, aus der Heimlichkeit an die Öffentlichkeit zu treten.
Wer dies nicht tut, wird als *closet queen* bezeichnet, als „Schrankschwuchtel". Die deutsche, nicht minder disqualifizierende Entsprechung davon lautet „Klemmschwester", wobei sich das „Klemm" von „verklemmt sein" herleitet.
Wer dagegen „aus dem Schrank herauskommt", ist out, heißt: er steht vor sich selbst und vor seiner Umwelt, vielleicht sogar vor der ganzen Gesellschaft zu seiner sexuellen und herzensmäßigen Orientierung.
Das Outsein ist eine Folge des Coming-outs und bedeutet, sich als vollwertiger Mensch in die Gesellschaft und ins Leben integriert zu fühlen, unabhängig von seiner sexuellen Orientierung, seinen sexuellen Fantasien, seiner gefühlten oder erlebten Geschlechterrolle oder seinem Immunstatus.

WELCHE ARTEN VON COMING-OUTS GIBT ES?

- Das Coming-out als Homosexueller
- Als Positiver
- Als Homo, der seine (körperliche) Liebe zu Frauen entdeckt
- Mit ausgefallenen sexuellen Wünschen
- Sich im angeborenen Geschlecht nicht zu Hause zu fühlen
- Als Mann, der gerne Frauenkleider trägt
- Dass man keine monogame Beziehung mehr will
- Dass man eine Vater-Sohn-Beziehung will
- Dass man sich in einer Beziehung nicht mehr wohl fühlt
- Je nach Umfeld kann es sogar schwierig sein, sich als Homosexueller eine monogame Beziehung zu wünschen
- Dem Sexdate zu sagen, dass man einen Freund hat
- Das Outing findet sich inzwischen auch in ganz anderen Zusammenhängen im Sprachgebrauch: So outet man sich heute als Katholik, CDU-Wähler oder Alkoholiker

Der Coming-out-Prozess in Kürze

Betrachten wir einen Coming-out-Prozess einmal genauer: Jemand nimmt wahr, dass er anders ist, als die Menschen in seiner Umgebung. Er identifiziert diese Gefühle, akzeptiert sie und damit sich selbst, lebt sie und weiht sein Umfeld ein.
Gilt das tatsächlich nur für Schwule, Lesben und Bisexuelle? Sicherlich unterschieden sich die Coming-outs, aber im Wesentlichen durchwandert diesen Prozess auch jemand, der gar keine Lust auf Sexualität verspürt, ein so genannter Asexueller. Oder derjenige, dem nach sadoma-

In einer neuen Welt zu erwachen, kann aufregend sein. Was gibt es zu entdecken? Was kann ich erleben? Was kann ich daraus lernen?

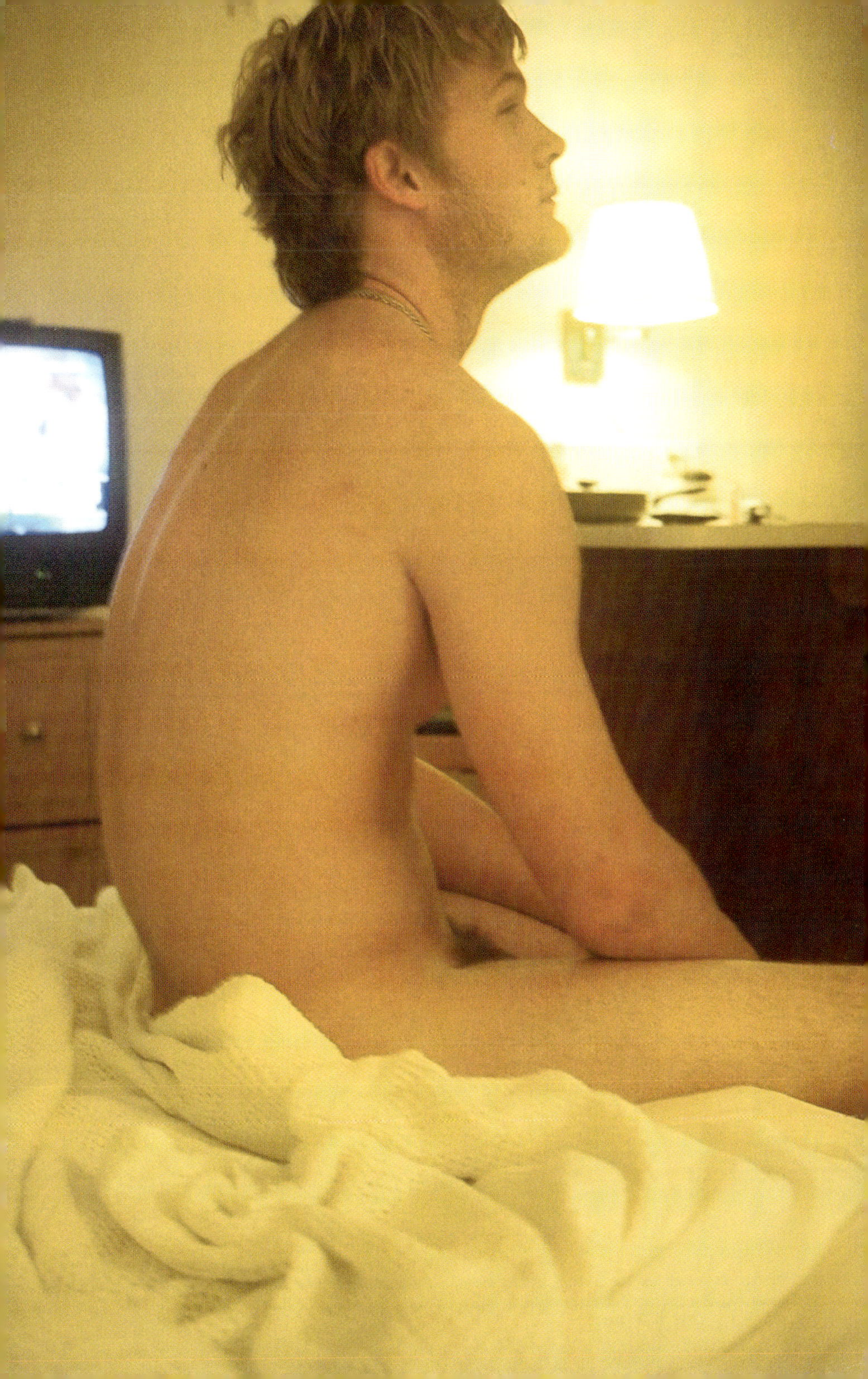

sochistischen Sexpraktiken gelüstet. Beide müssen nicht in diesem Umfang nach außen treten, denn letztlich ist nur ein begrenzte Anzahl von Menschen in ihrer Umwelt betroffen, vornehmlich die potenziellen (Sex-)Partner bzw. Lebensgefährten, aber auch sie werden sich immer wieder die Frage stellen müssen, wem sie was wann sagen. Auch sie sind in Gesellschaft Anspielungen ausgesetzt und müssen sich jedes Mal fragen, ob sie den Freunden nicht besser endlich reinen Wein einschenken sollen. Nicht zuletzt machen die Eltern ein Coming-out mit, sobald sie dem Rest der Familie, den Nachbarn, den Kollegen und dem Hausarzt mitteilen, dass ihr Sohn „anders" ist, sowie Kinder, deren Vater oder Mutter sich in irgendeiner Form outen.

Coming-out: Wie lange braucht man dafür eigentlich?

Oftmals wird das Coming-out auf den Moment reduziert, in dem man es Mami und Papi gesteht. Als wäre es ein einmaliges Event, so wie die Einschulung. Zwar kann man ein paar Nächte davor nicht gut schlafen, pinkelt sich vielleicht in die Hosen, aber dafür kriegt man eine Schultüte mit vielen bunt verpackten Geschenken in die Hand gedrückt.

COMING-OUTS DER COMMUNITY

- Stonewall, 1969
- Verlag Rosa Winkel, Deutschlands erster schwuler Buchverlag
- Café Anderes Ufer: erste Kneipe mit großen Schaufenstern, die schon tagsüber geöffnet war
- Prinz Eisenherz: Europas erster Buchladen, der sich auf homosexuell relevante Literatur spezialisierte
- Rechtliche Absicherung von Partnerschaften fordern (eingetragene Partnerschaft)
- Klaus Wowereit als sichtbarstes Mitglied der Community

Dabei hat zum Zeitpunkt des Darüber-Sprechens schon ein intensiver innerer Prozess stattgefunden, der bei manchen Jahre gedauert hat. Und mit der Mami-und-Papi-Geschichte (die einige übrigens komplett auslassen) ist das Coming-out längst nicht abgeschlossen. Selbst wenn es alle erfahren haben, die mit dir zu tun haben, nicht. Zum einen wirst du immer wieder in Situationen geraten, in denen du dich outen musst, zum anderen wirst du vielleicht mehrere unterschiedliche Coming-outs in deinem Leben durchlaufen. Siehe an meinem Beispiel ...

„Unter Tränen erzählte ich alles. Und dann kam die wohl größte Überraschung im Zuge meines endgültigen Outings. Mein Dad nahm mich in den Arm und sagte einfach: ‚Es ist mir egal, was du bist oder wie du bist. Du bist einfach mein Sohn'. Ich konnte vor lauter Erleichterung nicht aufhören zu heulen." Dirk

Vom Vegetarier zum ...

Noch bevor mir die Sache mit meiner Sexualität richtig klar war, hatte ich mein erstes Coming-out, nämlich als Vegetarier in Bayern. Als Kleinkind war es noch einfach, da habe ich das Fleisch einfach ausgekotzt, später musste ich mich deswegen immer wieder erklären (PS: Ich spreche von den 60er Jahren, in denen Kannibalismus in Bayern noch weiter verbreitet war als es Personenkraftwagen waren). Dann als Alkoholverächter – in Bayern wird Bier als Grundnahrungsmittel angesehen. Stell dir die Hänseleien vor, wenn ich im Fußballverein Limonade trank, oder – nachdem mir das zu arg wurde – stundenlang an einer Bierflasche herumnuckelte.

Mein erstes schwules Coming-out hatte ich mit fünf, sozusagen das kleine Latinum. Da erzählte ich meinem sechs Jahre älteren Bruder, dass ich Schwänze geiler finde als Muschis (an die genaue Wortwahl kann ich mich nicht mehr erinnern).

Das „große" Coming-out hatte ich dann mit 21. Und es war riesig. Niemand war mehr vor mir sicher. Alle mussten sich damit auseinander setzen. Auf dem Flug nach New York haben alle Mitreisenden über nichts anderes geredet – und es war ein voll ausgebuchter Jumbojet.

Mit der Schriftstellerei kam ein weiteres Outing dazu. Dass sich meine Romane mit schwulen Themen beschäftigen, ist schon nicht immer leicht zu transportieren, von meinen pornographischen Geschichten (die ich unter dem Namen Gerke van Leiden veröffentliche) oder den Sexratgebern fange ich oft gar nicht erst an zu sprechen.

Apropos Pornoschriftsteller

„Moment mal, die sind ja gar nicht so, wie ich gemeint habe. Wäre es schlimm, auch so zu sein?" Michael

Neulich beim Frisör erlebte ich wieder so eine klassische Szene. Ich sitze nichts Böses ahnend im Stuhl und unterhalte mich sehr nett, da fragt er mich so aus dem Nichts heraus – wie Frisöre das gerne tun – nach meinem Job. „Schriftsteller", antwortete ich wahrheitsgemäß. Woraufhin die unvermeidliche Frage folgte: „Und worüber schreibst du?"

Mit einem Schlag waren meine Augen überall; bei seinem Goldzahn, der bei jedem Lächeln hervorblitzt; bei den Fotos seiner

Familie, die neben dem Spiegel stecken: seiner Frau mit Kopftuch – „Aische, hübsch nicht?" –, seinen drei Söhnen, die ihn wegen seines Jobs als Frisör hänseln – „Richtiger Mann kein Frisör" – und den anderen Menschen seiner Großfamilie; und bei dem Kunden im Nachbarstuhl, der sich am kleinen Finger einen extralangen Nagel wachsen ließ. Und natürlich schwiegen just in diesem Moment alle und schauten mich erwartungsvoll an. „Na, worüber schreibst du?", klang es wie ein Chor aus tausend Mündern. Sogar die Musik verstummte – oder bildete ich mir das nur ein?
Das letzte Buch, das ich veröffentlicht habe, heißt *Bück dich. Mehr Spaß am Analsex*, also antwortete ich als selbstbewusster, offen schwul lebender Mann: „Ich schreibe darüber, wie geil es ist, sich von einem anderen Mann ficken zu lassen, und worauf man achten muss, wenn man jemandem die Zunge in die Rosette steckt ..." – das nun bildete ich mir wirklich ein!
Okay, ich gebe zu, ich habe gekniffen. Was hätte schon passieren können? Dass er mir mit dem Rasiermesser die Kehle durchschneidet? Unwahrscheinlich. Die Sauerei wäre zu groß gewesen. Außerdem saß ich ja nicht allein im Laden. Hätte er mir den Haarschnitt verpfuscht? Wofür? Vermutlich hätte er meine Antwort überhört, denn beim Frisör geht es ja nicht um tief schürfende Gespräche,

HINWEISE DARAUF, DASS MIT DIR ETWAS „NICHT STIMMT"

- Es „fließt" nicht. Im „Normalfall", verliebt man sich, zeigt es dem Gegenüber, hält Händchen, knutscht, fummelt, f... und so weiter. Wenn du stattdessen immer nur darüber nachdenkst und an deinen Gefühlen zweifelst, steckt vielleicht was ganz anderes dahinter.
- Du träumst davon, dich an Männer ranzukuscheln, sie zu streicheln, berührt oder geküsst zu werden, Sex mit ihnen zu haben.
- Du versuchst, deine Gedanken und Gefühle zu kontrollieren, indem du sie verdrängst, mit Handlungen überdeckst, herunterspielst, überbewertest.
- Der Sex ist/wird unbefriedigend.
- Der eigene Körper und seine Funktionen werden dir fremd.
- Du empfindest eine innere Leere.
- Du fühlst dich den Menschen um dich herum nicht zugehörig.
- Du verspürst den Wunsch, deine sexuellen Kontakte zu kontrollieren.
- Du fängst an mit Menschen Sex zu haben, mit denen du eigentlich keinen Sex haben möchtest.
- Du hast keinen Sex mehr und bist damit unzufrieden.

sondern darum, die Zeit rumzubringen. Und trotzdem habe ich ihm lieber von meinen Romanen erzählt, die von Liebe und Beziehungen handeln, statt von meinen Sexratgebern. Und als er nach meinem Namen fragte, um seiner Frau mal ein Buch von mir schenken zu können, legte ich nach, dass es sehr psychologische Werke sind, die sich mit dem Einfluss der Vergangenheit auf unser heutiges Leben beschäftigen, was ihn dann – Allah hab Dank – flugs das Thema wechseln ließ.
In solche Situationen gerät man sein Leben lang immer wieder – wenn man denn bereit ist, das schwule Getto auch hie und da mal zu verlassen. Die Antwort auf die Frage, wie lange ein Coming-out dauert, lautet also: ein Leben lang. Und dies wörtlich gemeint, denn wenn wir mal alt sind und bis dahin keine schwulen Altersheime auf die Beine gestellt haben, wird das nicht wirklich lustig. Auch dazu mehr in *Unter Schwänen*.

„Ich werde mich auf immer und ewig darüber ärgern, dass ich die Zeit meines ‚sexuellen Erwachens' mit Träumereien verplempert habe. Ich hätte damals schon handeln sollen und frage mich heute oft, wie viele meiner Mitschüler wohl auch schwul waren und genauso gefühlt haben wie ich – ein paar waren mit Sicherheit dabei!" Jan

Coming-out: Gibt es keine Alternative?

Fühlst du dich nun überfordert, deine Herzenswünsche zu leben? Kein Wunder, das geht vielen so. Manchen so sehr, dass sie sich um das Coming-out drücken. Zu den beliebten Strategien zählen ...

Meine Gefühle werden vergehen

So wie Eltern die schwulen, bi- oder transsexuellen Regungen ihrer Zöglinge gerne als vorübergehendes Verhalten während der Pubertät einstufen, hofft auch so mancher angehende Anderssexuelle, dass „es" vergehen wird.
Sicher gibt es Männer, die eine Zeitlang schwul gelebt haben und sich dann für ein Leben mit einer Frau entschieden haben. Aber die Frage, wie dauerhaft deine Gefühle sind, ist müßig. Du kannst deine tiefen (!) Gefühle immer nur heute leben, immer nur jetzt. Und wenn sie sich ändern, musst du damit umgehen, sonst wirst du leiden.

Psychotherapie kann mich heilen

Dieser Vorstellung liegt die Annahme zugrunde, dass Homo- bzw. Anderssexualität Krankheiten sind. Diese Vorstellung ist sehr, sehr alt. Wenn du Angst vor dem weiblichen Geschlecht hast oder Abneigungen gegenüber Frauen verspürst, wenn dich diese Ängste oder Abneigungen davon abhalten, eine gesunde und

befriedigende Sexualität zu erleben, ist ein Gespräch mit einem Therapeuten ratsam. Die Anziehung zum eigenen Geschlecht hingegen, verbunden mit dem Wunsch, nicht nur sexuelle Höhepunkte, sondern auch Gefühle mit dem anderen zu teilen und liebevoll miteinander umzugehen, ist nicht krank und daher auch nicht heilbar. Jeden Arzt oder Psychologen, der dich vom Gegenteil zu überzeugen versucht, solltest du anzeigen.

Vielleicht sollte ich meine Gefühle einfach unterdrücken

Nun, das kriegt man eine Weile lang hin, aber auf Dauer ist das niemals eine gute Idee (s. Bert, S. 94f). Alles, was man unterdrückt, hat die perverse Angewohnheit, sich auf anderem Weg wieder ins Leben zu schleichen, und wenn es Schmerzen oder schlimme Krankheiten wie Depressionen sind. Zudem: Es gibt keinen wirklich guten Grund, Homosexualität zu unterdrücken, zumindest nicht in unserer Gesellschaft. In deutschsprachigen Ländern finden sich genügend Ecken, wo man als Schwuler sicher und undiskriminiert leben kann.

DIE GRÖSSTEN HOFFNUNGEN VON SCHWULEN VOR DEM COMING-OUT

- Meine Gefühle werden vergehen
- Wenn ich nur die richtige Frau finde, interessieren mich die Männer nicht mehr
- Psychotherapie kann mich heilen
- Durch Beten wird man „geheilt"
- Das Kloster
- Dass man versteckt auch ganz gut leben kann

Mit der richtigen Frau ...

Vielleicht lockt dich auch die Hoffnung, dass du eben noch nicht die richtige Frau getroffen hast. Vielleicht kommt erschwerend hinzu, dass du womöglich bereits an eine Frau geraten bist, die meint, dich umdrehen zu können, und dir das auch verspricht. (Da ich selbst in solchen Fängen war, weiß ich, wovon ich spreche. Die eine – Psychotherapeutin! – gestand später meinem Lebensgefährten unter Tränen, dass sie sich an meinem Schwulsein schuldig fühlt, weil unser Sex so schlecht gewesen sei ...)

Stillhalten und warten: Diese Strategie der Selbstverleugnung führt selten zum gewünschten Erfolg, aber oft in die Depression.

Nein, wenn du dich zum gleichen Geschlecht hingezogen fühlst, wirst du auf die „richtige Frau" vergeblich warten. Es kann bei dir nicht funken, weil die Funken nur zwischen dir und Männern fliegen. Diese Annahme, dass die richtige Frau deine Gefühle ändern könnte, ist so abstrus wie die Illusion, dass jeder Heterosexuelle nur an den richtigen Mann gelangen müsse, um umgepolt zu werden.

Soll ich lieber ins Kloster gehen?

Dann aber bitte nicht in ein katholisches, denn die sind voll mit Homosexuellen, die meisten von ihnen glücklich, ihre Sexualität dort ausleben zu können. Und ich würde dir raten, dass du dir erstmal deine Herzensfragen beantwortest, bevor du diesen Schritt wagst – weil du sonst nur leiden wirst.

„Schwulsein gehört zu einem, aber es definiert einen nicht. Diesen Punkt habe ich schnell erkannt, und er ist mir sehr wichtig. Ob du auf Jungs oder auf Mädchen stehst, sagt nichts über deinen Charakter aus!" Olly

Und wenn ich im Schrank bliebe?

„Meine Sexualität ist meine Privatsache", hört man gerne mal als Argument. Das ist natürlich richtig. Wenn ich heute in der Apotheke Zahnseide kaufe, sagt die Apothekerin auch nicht: „Das macht dreifünfzig, und ich bin heterosexuell." Selbst als Schwuler finde ich es befremdlich, wenn ich von einer heterosexuellen Publikumszeitschrift einen Auftrag bekomme, und die Redakteurin im PS anmerkt, dass sie lesbisch sei. Im Alltag spielt die Orientierung deines Herzens selten eine Rolle, daher hat sie da auch nichts zu suchen. Es gibt keinen Grund, den Autoverkäufer, der dir einen Wagentyp anrät, weil du dann mehr Platz fürs Gepäck hast („Ich weiß ja nicht, ob ihre Freundin auch immer so viele Koffer mit auf Reisen nimmt wie meine Frau.") zu korrigieren. Das sind Ausnahmesituationen. Wichtig ist, dass du in deinem Alltag mit deiner Wahl- und Geburtsfamilie, mit deinen Kollegen und Nachbarn klarkommst, dass du so leben und sein kannst, wie du das willst, wie du dich fühlst. Die gefühlte Geschlechtlichkeit oder Sexualität zu verstecken, ist eine extreme Belastung. Denn um ein Thema vermeiden zu können, muss du dir dessen ständig bewusst sein. Was die Gefahr erhöht, dass du dich verplapperst. Stell dir mal vor, was du mit dieser Energie alles anfangen könntest.

Vielleicht dann doch lieber beten ...

Die Sache hat nur einen Haken: Schwulsein ist keine Sünde. Ebenso könntest dafür du beten, künftig nicht mehr auf Sauerstoff angewiesen zu sein.

Beten kann dir in dieser Phase helfen: Es gibt dir Kraft, Mut und Zuversicht sowie Schutz in der Fremde und gibt dir das Gefühl, nicht allein zu sein.

Das Märchen vom „Was ich nicht weiß ..."

Seine sexuelle Orientierung anderen Menschen, mit denen man richtig viel zu tun hat, zu verheimlich, birgt noch weitere Gefahren. Zum einen wirst du ihnen nie wirklich nahe kommen. Mit Arbeitskollegen, denen man den Liebhaber vorenthält, wird man keine Grillparty veranstalten. Von der Geburtsfamilie wird man sich entfernen, weil man Weihnachten lieber mit dem Freund feiern will. Und wenn man doch zur Familie fährt, wird es die Beziehung zum Freund belasten. Und nicht zuletzt spüren Menschen, die dir nahe sind oder sein wollen, dass du ihnen etwas vorenthältst, auch wenn sie es nicht genau benennen können. Das macht echte, nährende Nähe und Vertrautheit unmöglich.

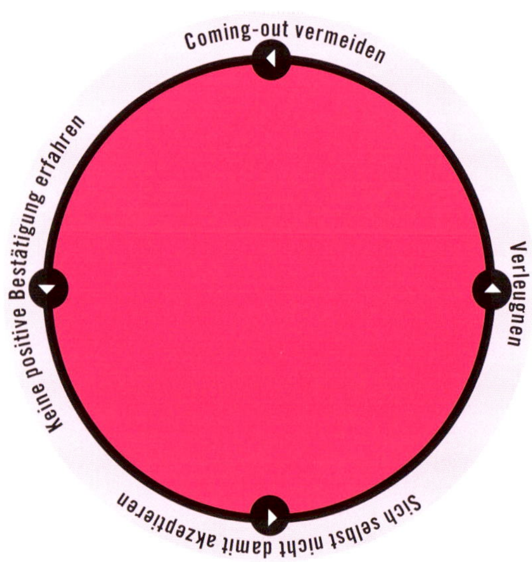

Es gibt noch einen Grund: Du nimmst dir damit die Erfahrung, so angenommen zu werden, wie du bist, und kannst dir in Krisensituationen ungleich schwerer Unterstützung holen. Da schwule Coming-outs in meiner Umgebung selten vorkommen, wähle ich das Beispiel HIV: Wenn mir jemand zum dritten Mal eine Verabredung absagt, gebe ich in der Regel auf. Weiß ich aber, dass er aufgrund seines Gesundheitszustandes (HIV) wirklich Anlass hat, sich unwohl zu fühlen, habe ich eine ganz andere Toleranz.
Ansonsten steht es so lange zwischen mir und dem anderen, solange es nicht ausgesprochen wird: Was sind das für Tabletten, die er nimmt? Warum läutet seine Uhr abends um zehn? Sind diese Furchen im Gesicht Folgen einer Lipodystrophie?
Deine Kinder fragen sich vielleicht, warum du einmal die Woche abends allein ausgehst, während Mutti schlecht gelaunt vor dem Fernseher sitzen bleibt. Deine Freunde merken, dass etwas nicht stimmt, weil du aus dem Fußballverein ausgetreten bist und der Grund dafür fadenscheinig ist. Ja, du ziehst vielleicht sogar von dem Ort, in dem du tief verwurzelt bist, weg, um das Coming-out zu vermeiden, und verlierst dadurch langjährige Freundschaften.

Willst du Nähe zu Menschen, echte Intimität, willst du wirkliche Freundschaft, willst du im Bedarfsfall um Hilfe bitten können, dann musst du Menschen reinen Wein einschenken.

Der Film *Früchte der Liebe* zeigt sehr schön, was versteckt leben für Folgen haben kann. Der Protagonist geht seiner Mutter aus dem Weg, weil er sich ihr gegenüber nicht outen will, zieht in die Großstadt und verliebt sich in sein Idol, einen Pianisten. Unglücklich natürlich. Erst als er ihr seine Karten auf den Tisch legt, erfährt

GRÜNDE, DIE FÜR EIN COMING-OUT SPRECHEN

- Weil es dir hinterher besser gehen wird
- Wer nichts verstecken muss, kann alles leben
- Weil du nur so eine erfüllte, lebendige Beziehung haben kannst
- Weil Scham und Angst deinen Selbstwert untergraben
- Weil du mit schwulen Freunden zusammen eine ganz andere Stärke entwickeln kannst
- Weil du damit etwas bewegen kannst
- Weil es Spaß macht, schwul zu sein

Aus Fairnessgründen möchte ich auch einige Gründe anführen, die gegen ein Coming-out sprechen. Ähm… es fällt mir keiner ein.
Okay, ich versuch's mal:

- „Mein Umfeld lässt es nicht zu." Ein diskutables Argument. Problematisch allerdings, dass du derjenige bist, der diesen Schluss zieht. Es könnte also durchaus so sein, dass dein Umfeld es sehr wohl akzeptieren würde, du das aber nicht mitkriegst, weil du es niemanden wissen lässt.
- „Ich lebe auf dem Land." Kein grundsätzlicher Beweis, dass man nicht schwul sein kann, wie du am Beispiel von Hubert lesen kannst (S. 64f).
- „Aber die Menschen in meiner Umgebung sind extrem konservativ." Die Kirche ist ohne Zweifel eine sehr wertkonservative Institution, und trotzdem beherbergt sie ganze Heerscharen von Homosexuellen, ja unterstützt sie sogar.
- „In meiner Nähe gibt es jede Menge Neonazis, die schwulenfeindlich drauf sind." Du bist nicht Gandhi, leg es nicht darauf an, mit diesen Herrschaften nähere Bekanntschaft zu machen. Suche das Weite. Das meine ich wörtlich. Niemand sollte in einer Umgebung leben, in der er sich nicht sicher fühlen kann. Okay, ein Ortswechsel ist nicht immer leicht zu bewerkstelligen, aber die Frage ist doch, ob du dein Leben lang versteckt leben willst.

er durch seine Mutter, dass sein Angebeteter einen festen Freund und ergo nie beabsichtigt hat, sich näher mit ihm einzulassen.

Warum ein Coming-out wichtig ist

Bei Wowereit war es noch ein Spektakel. Als Westerwelle dann mit seinem Lover in der Öffentlichkeit auftrat, juckte es schon niemanden mehr.
Das Beispiel ist dir zu groß? Okay. Als mein erster Freund seinen Eltern sagte, dass er schwul sei, flippten sie aus. Als seine vier Jahre jüngere Schwester ein Jahr später kundgab, dass sie lesbisch sei, schlug der Ausflipppegel nur mehr zu 80% aus. Als wir den Eltern dann beizubringen versuchten, dass nun auch der Kleinste „übergelaufen sei", erwiderten sie nur: „Was wollt ihr uns eigentlich sagen? Dass Howard schwul ist? Na und!"
Du verstehst den Sinn dieses Beispiels nicht. Familien sind in der Regel groß: Onkels und Tanten, Opas und Omas, Cousinen und Cousins, Nichten und Neffen, und alles mögliche angeheiratete Zeug. Stell dir vor, wie viel einfacher es für dich wäre, wenn in deiner Familie schon jemand das Zeug gehabt hätte, sich zu outen, und du dich auf ihn berufen könntest. Klug, was? Und jetzt kommt's: Wie viel einfacher machst du es künftigen Schwuletten in deiner Familie mit deinem Coming-out?!

„Das Coming-out hat sich auf alle Fälle gelohnt, ich bin nun in den sechs Wochen viel offener und auch glücklicher geworden, als ich es vorher je in meinem Leben war. Bisher hat sich noch niemand wegen meiner Homosexualität von mir abgewendet, ganz im Gegenteil, das Verhältnis zu meinen bisherigen Freunden ist viel intensiver geworden." Peter

Das gilt noch mehr auf gesellschaftlicher Ebene. Jeder, der offen zu seiner Sexualität steht, macht es der Folgegeneration leichter.

Anderes Beispiel: Eine Freundin erzählte mir, dass sie drei Jahre lang immer wieder heftigste Auseinandersetzungen mit ihrem Lebensgefährten hatte, weil er in einer Tour Frauen hinterherguckte. Dann fand sie heraus, dass er heimlich Alkohol trank, und wenn es

Manchmal ist das Coming-out so eine Quälerei, dass man weglaufen möchte. Dabei verändert nichts mehr, als sich der Herausforderung zu stellen.

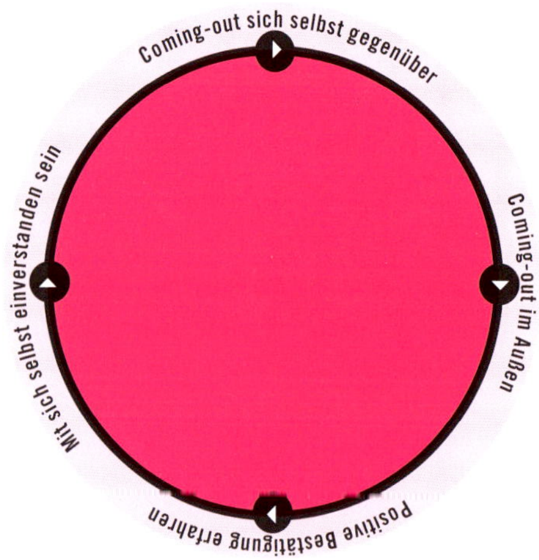

um Sex ging, hatte er ständig Migräne. Als sie ihm schließlich mit Trennung drohte, offenbarte er ihr, dass er sich im falschen Körper gefangen fühlte. Frauen hatte er nur hinterher geguckt, weil er sehen wollte, wie ihnen die Kleider standen, und weil er sie darum beneidet hatte, öffentlich damit herumlaufen zu können.
Nach dem Coming-out verschwanden seine Depressionen, er trank nicht mehr, und die Beziehung besserte sich – auch wenn sie nicht ewig hielt, weil seine Freundin nicht zur Lesbe konvertieren wollte, aber das ist eine andere Geschichte. Als er dann sein Geschlecht an das Gefühlte anpassen ließ, saß sie an seinem Krankenbett – die Freundschaft hielt, weil er mit der Wahrheit herausgerückt war.
Wenn HIV-Positive ihre chronische Krankheit öffentlich machen, helfen sie ihren Mitmenschen zu sehen, dass es Aids immer noch gibt, und wie leicht es ist, sich zu infizieren. Aus dem Mund eines Freundes zu erfahren, dass er sich infiziert hat, weil er einen Schwanz gelutscht hat, der erst kurz davor schon mal abgespritzt hatte (und Sperma im Rohr verblieben war), ist eben sehr viel glaubwürdiger, als dasselbe in einer Aufklärungsbroschüre zu lesen, die von einem Dr. med. verfasst wurde.
Und wie wertvoll wären öffentliche Coming-outs in Religionsgemeinschaften, sodass gläubige Schwule nicht Angst haben müssten, aus ihrer Gemeinde ausgestoßen zu werden.

Coming-out als Chance

So unangenehm es ist, sich in Frage zu stellen, es birgt immer auch eine Chance. Ohne Herausforderungen laufen wir Gefahr, allzu selbstzufrieden zu werden, unsere Bereitschaft zur Veränderung sinkt, Entwicklung findet nur mehr begrenzt statt, Inflexibilität ist die Folge. Und wenn uns dann mal eine Krankheit oder ein Schicksalsschlag heimsucht, wirft uns das total aus der Bahn.
Durch das Coming-out schafft man sich nicht nur eine Lebenssituation, in der man sich wohl fühlt, sondern man lernt auch ganz Wesentliches fürs Leben: sich spüren, die innere Wahrnehmung entwickeln, sich gegenüber der Umwelt sensibilisieren. Wenn

inneres Empfinden und das Leben im Außen zur Deckung kommen, wird unglaublich viel Kraft frei. Du wirst dich selbst mehr spüren, so als würdest du dein von einem Diaprojektor projiziertes Bild immer schärfer stellen oder einem Hologramm immer mehr Energie zuführen, sodass es mehr und mehr leuchtet.
Oder wie der Psychologe Kevin Alderson in seinem Buch *Beyond Coming-out* zusammenfasst: „Vor jedem, der eine positive schwule Identität entwickelt, wird die Flut zurücktreten und nach dem Sturm die Ruhe einkehren. Ein schwuler Mann muss auf diesen Wellen reiten, um sie zu zähmen. Sie repräsentieren Fragmente seiner Identität, die danach fordern, integriert zu werden."

Überfordert?

Falls du dich in diesem Moment überfordert fühlst, ist dies völlig normal. Denke nicht an alle Komponenten und Aspekte des Coming-outs. Nimm immer nur einen Schritt auf einmal. Wenn du Diplomingenieur werden willst, erwartet auch niemand, dass du zwei Tage nach dem Erkennen deines Wunsches die Abschlussprüfung ablegst. Immer schön eins nach dem anderen. Wie du das am besten bewerkstelligst, liest du im nächsten Kapitel.

ZUSAMMENFASSUNG

Das Coming-out ist aufgrund von mindestens drei Faktoren schwierig:

1. **Du musst dein Selbstbild in Frage stellen und die neuen Bedürfnisse und Sehnsüchte anerkennen, integrieren und sie als Teil von dir akzeptieren.**
2. **Du musst deine Urteile gegenüber dieser Art zu leben (ob nun als Schwuler, Bisexueller, Transmann ...) erkennen, sie als Vorurteile entlarven und abbauen.**
3. **Und nicht zuletzt musst du damit fertig werden, dass dir nicht jeder zujubeln wird.**

Ach so, falls du dich fragst, wie die Geschichte vom „hässlichen Entlein" Donald wei-tergegangen ist: Also Donald schwamm da so in dem Teich herum, da hörte er jemanden rufen. Donald schaute ans Ufer und sah einen Mann, der sich offensichtlich an ihn wendete: „He, du da! Ich bin Walt. Hier schwimmt angeblich irgendwo ein Enterich herum, die das Zeug zu einem guten Schauspieler haben soll. Ich glaube, er heißt Donald. Hast du den gesehen?"
Donald? Das bin ich, dachte der Schwan, und sein Herz klopfte. Hollywood ... Aber nein, er war ja keine Ente, sondern ein Schwan. Widerwillig schüttelte Donald den Kopf, und der Mann ging an einen anderen Teich.
Die Moral von der Geschicht? Mag sein, dass du nach deinem Coming-out nicht nach Hollywood gerufen wirst. Aber du kannst sicher sein: Unter Seinesgleichen zu schwimmen, zu tauchen und zu planschen macht viel mehr Spaß, als sein Leben lang eine hässliche Ente zu mimen.

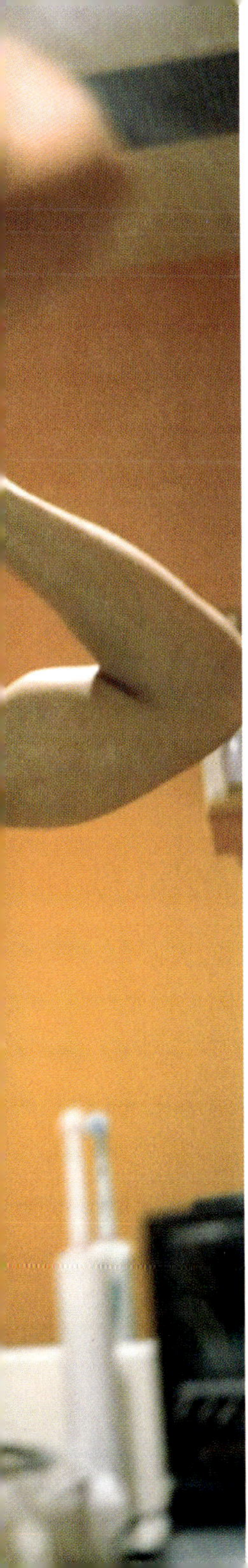

SO WERDEN HÄSSLICHE ENTEN ZU STOLZEN SCHWÄNEN

„Es macht nichts, im Entenhofe geboren zu sein, wenn man nur in einem Schwanenei gelegen hat“,

schreibt Hans Christian Andersen in seinem Märchen *Das hässliche Entlein*. Auf das Coming-out gemünzt heißt das: Es macht nichts, in einem heterosexuellen Umfeld geboren zu sein, wenn man seine Homosexualität nur irgendwann erkennt.

Bist du ein Schwan oder eine Ente?

Wie wird eine hässliche Ente zu einem stolzen Schwan? Gar nicht! In Andersons Märchen ist das hässliche Entlein längst ein Schwan. Und es leidet auch nur so lange unter seinem Entendasein, bis es kapiert, dass es sich bisher für etwas anderes gehalten hat.
Das entspricht auch der Realität vieler Menschen, die sich „anders" fühlen, ob nun schwul, bisexuell oder im biologisch falschen Körper geboren: Man wird nicht im Laufe der Jahre zu diesem anders fühlenden Wesen, sondern man ist es im Grunde schon von Anfang an – es ist nur eine Frage, wie lange man braucht, um dies zu erkennen bzw. es sich einzugestehen. Und dann: Wie viel Schwan ist man bereit zuzulassen? Anders gesagt, willst du als hässliches Entlein ewig einsam im Schilf hocken bleiben oder hungert dich danach, auf den großen See hinauszuschwimmen und dich in deiner ganzen Pracht zu zeigen?
Rhetorische Frage, natürlich hungert dich danach, sonst würdest du dieses Buch nicht lesen. Also, packen wir's an!

DAS INNERE COMING-OUT

Wir werden uns im Folgenden mit den Möglichkeiten beschäftigen, wie man in jene Welt gelangt, in der man sich heimischer zu fühlen hofft als in der gegenwärtigen. Und zwar – dies gleich vorweg – am besten über Wege, die einem auch erlauben, in die „alte" Welt zurückzukehren.
Eine Brücke wäre nicht schlecht, denn zwischen der dir bisher bekannten und der neuen Welt befindet sich eine mehr oder weniger große Kluft, die es zu überwinden gilt.
Brücken sollten auf soliden Fundamenten stehen, deshalb beschäftigen wir uns in diesem Kapitel mit den Stützpfeilern, die einem bei jeder Form des Coming-outs behilflich sind. Sie bestehen aus: dich selbst kennen zu lernen, das richtige Wissen anzusammeln, dir Unterstützung zu holen sowie dem Einordnen und Identifizieren der Erfahrungen und dem Annehmen deiner selbst.

So wie Stützpfeiler meist nicht nacheinander, sondern parallel gebaut werden, findet ein Coming-out auch nicht in aufeinander folgenden Schritten statt („Ich nehme wahr, sammle das richtige

Aufwachen! Wenn die Realität zu grell erscheint, hilft keine rosa Sonnenbrille, sondern nur, sich an die Realität zu gewöhnen.

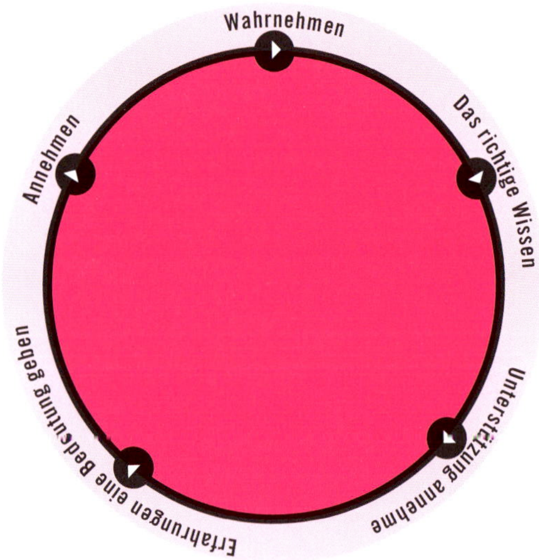

Wissen, und nachdem ich mich angenommen habe, bin ich durch"). Eher wird es so aussehen, dass du in bestimmten Zeiten mehr an einem Stützpfeiler arbeiten wirst als an den anderen bzw. die Arbeit an dem einen die an einem anderen ganz von selbst voranbringt. So wirst du deine sexuelle oder geschlechtliche Ausrichtung besser akzeptieren können, je mehr Vorurteile du abbaust (Schritt „Das richtige Wissen"). Und beim Abbauen von Vorurteilen wird es dir helfen, dich mit Gleichgesinnten und Betroffenen auszutauschen („Unterstützung holen" – um nur zwei Beispiele zu nennen).
Sieh in dem Folgenden also weniger eine Liste, die abgearbeitet werden muss, sondern mehr ein Rezept für ein Betongemisch, aus dem du das Fundament für deine Zukunft gießt: Je mehr Zutaten du zusammenbringst, desto stabiler wird es. Und: Je öfter du den im Diagramm gezeigten Kreislauf durchwanderst, desto mehr Klarheit wirst du erlangen, desto mehr Sicherheit wirst du in dir spüren, desto stabiler wird dein Selbstwertgefühl. Und je besser du dich selbst verstehst, desto mehr wirst du deinen Erfahrungen Bedeutung beimessen können, die wiederum richtiges Wissen ansammeln helfen.

Wenden wir uns also erstmal den Komponenten für das Fundament zu.

Dich selbst wahrnehmen

Wenn du noch in den „Kinderschuhen" steckst, also noch nicht mal genau weißt, auf welche Reise dich dein Leben geschickt hat (bin ich homo oder hetero, bin ich Männlein oder Weiblein?), wünschst du dir nichts sehnlicher als Klarheit; das ist in unserer Gesellschaft vollkommen „normal". Alles muss eingeordnet werden, man muss alles verstehen und erklären können, weil man sich sonst unwohl fühlt. Nicht zu wissen ist anstrengend und macht

Angst. Dabei liegt im Nicht-Wissen ein großes Potenzial – oder wie der tibetische Lehrer Chögyam Trungpa Rinpoche das umschreibt: „Das Chaos ist eine äußerst frohe Botschaft!"
Klingt dir das zu abgehoben? Hier ein Vergleich: Denk an dich in deinem kuscheligen Jugendzimmer. Es dauerte Jahre, bis die Möbel ihren Platz gefunden hatten, bis die richtigen Poster oder Bilder an den Wänden hingen etc. Irgendwann kam der Moment, in dem du dich nicht mehr um die Einrichtung kümmern musstest und das Gefühl hattest: Jetzt kann ich darin leben.
Und genau in diesem Moment schenkt dir jemand eine Truhe. Du weißt zwar nicht genau, was darin verborgen liegt, bist dir aber darüber im Klaren, dass du diese Truhe nicht mehr loswerden wirst. Nur wohin mit diesem sperrigen Ding? Unters Fenster? Dort blockiert es die Heizung. Neben das Bett? Dann muss der Nachttisch weichen ... Und schon befindest du dich mitten im erwähnten Chaos.

DIE SELBSTWAHRNEHMUNG ERSCHWEREN

- Alkohol und Drogen
- Zu viel Sex
- Ablenkung aller Art, von Internet bis Computerspiele
- Ein schwaches oder negatives Selbstbild
  (*Die 6 Säulen des Selbstwertgefühls* lesen)
- Der Wunsch, anderen (den Eltern, der Clique, den eigenen Kindern) zu gefallen
- Sich in Arbeit zu vergraben
- Das Thema herunterzuspielen („Ist doch nicht so wichtig")
- Mangelnde Flexibilität (das eigene Selbstbild nicht aufgeben wollen, s. *Leben im Prozess*)
- Die eigenen Ängste zu ernst zu nehmen
- Die eigenen Probleme zu ernst zu nehmen
- Zu sehr auf das Nachahmen konzentriert zu sein (Wie sind Schwule? Was machen sie? Anstatt: Wer bin ich? Was tut mir gut?)
- Ein autoritäres Umfeld (Eltern, Militär, Eliteschulen ...)
- Ein repressives Umfeld (strenger Glaube wie z.B. Zeugen Jehovas oder Islam)
- Gesellschaftliche Normen wie die, dass man eine Frau heiraten und Kinder zeugen muss

„JETZT MUSS ES RAUS, SONST GEH ICH DRAUF!“

„Willst du eigentlich wissen, was wirklich mit mir los ist?“, fragte Hubert seine Mutter und knackte eine Nuss – sie waren beim Kuchenbacken. „Halt dich fest: Ich lieb einen Mann.“ Auf die Idee, dass das jüngste ihrer vier Kinder homosexuell sei, wäre sie nicht gekommen. Erst drei Jahre zuvor hatten sie und ihr Mann ihm den Hof überschrieben, weil er der einzige Sohn war.

Hubert hatte sein Schwulsein schon mehr als zehn Jahre heimlich ausgelebt. „Auf dem Land kennt man sich. Man fährt hierhin und dorthin ...“ Und mit dem Internet wurde ohnehin alles viel einfacher. Auch verliebt war er schon gewesen. Zweimal. Der eine der beiden Männer hatte zwar eine offene Beziehung geführt, war aber an Hubert als Lebensgefährten nicht interessiert gewesen. Der andere hatte selbst versteckt gelebt. Dann begegnete er Hermann.

„Wenn ich meine Liebe zu ihm nicht hätte leben können, wäre ich draufgegangen“, erzählt Hubert. Aber: Er ist Bauer, betreibt zusammen mit seinen Eltern eine Milchviehwirtschaft und lebt in einem 300-Seelen-Dorf, wo jeder jeden kennt: vier Höfe, der Rest hauptsächlich Arbeiter, die Nachbarin auf dem nächsten Hof streng religiös.

„Schon bei unserem ersten Treffen hat Hermann gesagt, dass ich keine Angst haben soll. Outen sei zwar ein heftiger Schritt, aber es mache glücklich." Hubert hat das nicht glauben können. Als sie einander besser kennen gelernt hatten, versprach Hermann dann, immer für Hubert da zu sein. Mit der Gewissheit, im wahrsten Sinne des Wortes Haus und Hof verlassen zu können, raffte er allen Mut zusammen und wagte das Gespräch mit den Eltern. Kurz vor Weihnachten. Das größte Anliegen der Eltern war, Hermann möglichst bald kennen lernen zu dürfen. Er kam am ersten Weihnachtsfeiertag.

Dass immer öfter ein Wagen mit Münchner Kennzeichen vor dem Hof parkte, machte natürlich schnell die Runde, „aber niemand hat sich je negativ geäußert. Im Gegenteil." Auf der Hochzeit von Huberts bester Freundin kamen einige sogar auf Hermann zu und haben ihn willkommen geheißen. „Sie wissen, dass ich gehen würde, wenn sie uns nicht akzeptieren. Und dann gäbe es noch einen Hof weniger hier."

So kam es, dass Hermann zu Hubert ins Allgäu zog. Er ist selbst auf einem Bauernhof aufgewachsen und hat eine Leidenschaft für Tiere. „Zu meinen Eltern hatte er auf Anhieb einen guten Draht. Jetzt gehört er zur Familie; es ist richtig harmonisch." Ab und zu kommen andere schwule Paare zu Besuch. Dann wird gemeinsam mit den Eltern gegessen, geratscht und gelacht. „Das geht einwandfrei." Seinen älteren Schwestern – alle drei verheiratet, Mütter, glücklich – hatte Hubert es noch vor den Eltern gesagt. Sie waren überrascht, zurückhaltend, aber sich schließlich einig gewesen: „Wenn du so bist, musst du das leben."

Hubert, 30, ist Bauer und lebt in einem verschlafenen 300-Seelen-Dorf. Dass ein Coming-out gut ausgeht, konnte er sich nicht vorstellen – bis er seiner großen Liebe begegnete.

Zu seinem 30. Geburtstag lud Hubert dann die engsten Freunde ein, etwa 20 an der Zahl, und Hermann kochte. „Sie akzeptieren es, was bleibt ihnen denn anderes übrig?" Selbst im Schützenverein weiß man Bescheid. Es läuft also alles weiter wie bisher? „Nein", korrigiert Hubert, „es ist sogar besser geworden, weil mein Geheimnis immer zwischen mir und anderen stand. Die Freundschaften sind enger geworden."

Nur eins hat sich verändert. Hubert sitzt nicht mehr jeden Tag mit den Kumpels zusammen. „Die Zweisamkeit ist mir wichtiger."

Am ersten Silvester nach Hermanns Umzug kam die religiöse Nachbarin. Hubert schluckte, weil er sich sicher war, dass sie ein Problem damit haben würde, dass im Nachbarhof zwei Männer ein Bett teilen. „Griasde Hermann", sagte sie. „Dir auch alles Gute fürs neue Jahr."

Verein schwuler Landwirte: http://trier.gay-web.de/gayfarmer/

„Beim Verkleiden habe ich immer die langen Kleider meiner Tante angezogen.“ Stephan

Es mag anstrengend sein, Möbel zu schleppen, Bilder abzunehmen, vielleicht die Wände neu zu streichen. Jede Menge Staub wird aufgewirbelt, man kommt ins Schwitzen, die Knochen tun einem weh, im Laufe der Zeit wird man sich von dem einen oder anderen trennen müssen („Uuäh, meine geliebte Barbiepuppensammlung"), weil es nicht mehr zu den neuen Bedingungen passt, und man muss viel Zeit aufwenden, die einem fürs Bowling mit den Freunden oder Autorennengucken fehlt. Andererseits: Die Bude wird mal wieder richtig sauber. Manche Möbel oder Dekos kommen durch das neue Arrangement viel besser zur Geltung. Du findest Gegenstände wider, die du verloren geglaubt hast. Und je mehr du saugst und ordnest und schiebst, desto mehr fühlst du dich zu Hause.
Kurz gesagt: Anfangs ist dieser Zustand des Nicht-Wissens – Wie krieg ich dieses Ding (Truhe/Homosexualität) unter? – anstrengend, weil man das Ergebnis nicht absehen kann. Weil es einen unsicher macht. Ob man es überhaupt schafft. Was andere davon halten werden. Und ob man damit glücklich wird, weiß man natürlich vorher auch noch nicht.

Hab Geduld!

Hier – wie in allen unbekannten Situationen – hilft: Geduld! In unserer „Instant-Befriedigungs-Gesellschaft" sind wir gewöhnt, schnelle Lösungen herbeizuführen oder vorgesetzt zu bekommen. Wollen wir jemand sprechen, rufen wir ihn auf dem Handy an. Nimmt er nicht ab, drehen wir fast durch. Seltsamerweise war es früher – und ich spreche von der Zeit vor den Anrufbeantwortern – völlig okay, jemanden zwanzigmal anzurufen, bevor man ihn erreicht hat. Heute muss alles gleich passieren, als ob die Zeit weniger geworden wäre (Schon mal *Momo* von Michael Ende gelesen?).

„Ich habe eigentlich nie eine blöde Bemerkung zu hören bekommen.“ Dirk

Wie kommt man zu Geduld? Indem man sich Zeit gibt: „Nein, ich muss nicht heute wissen, ob ich lieber als Frau leben will, ich nehme mir Zeit für die Entscheidung. Jetzt geh ich erst mal und lass mir die Fingernägel machen."

Vertraue!

Und es hilft etwas in unseren Breiten ziemlich Ungewohntes: Vertrauen. Vertrauen in den Prozess. Heißt: Vertrauen darauf, dass das, was mit dir geschieht, richtig ist, auch wenn es sich im Moment für dich nicht danach anfühlt. Vertrauen darauf, dass das, was dir begegnet, dich weiterbringen wird. Vertrauen, dass sich Lösungen auftun werden. Entscheidungen erzwingen zu wollen, erhöht die Gefahr von Fehlentscheidungen dramatisch. Aber wie vertraut man in eine Zukunft, die man nicht kennt? Wie vertraut man in eine Veränderung, die einem nicht geheuer ist? Folge dem Motto von Nike: Just do it!

Denk nicht nach!

Um in diesem unbekannten Territorium Halt zu finden, kannst du weitere Anker setzen. Der vielleicht stabilste ist: Denk nicht nach! Denn: Deine Denkmaschine ist programmiert wie eine Festplatte. Sie hat dein ganzes Leben lang viele Informationen aufgesaugt, die in dieser Welt sehr nützlich sind. Aber sie konnte immer nur die Informationen verarbeiten, mit denen sie gefüttert wurde. (Denk an das hässliche Entlein. Weil es in einem Entennest gelegen hat, lautete seine Programmierung: Du bist eine Ente. Dabei war es ein Schwan, nur hat es ihm niemand gesagt. Der Vergleich hat ihm gefehlt, weil keine Schwäne in der Nähe waren.)

Während des Coming-outs aber beschäftigst du dich mit etwas, das in deinem Leben noch keine große Rolle gespielt hat – sonst wäre es jetzt kein Problem für dich. Mit Unbekanntem umzugehen, ist deine Denkmaschine nicht gewohnt. Statt zu denken, zu analysieren, Lösungen zu suchen, solltest du daher fühlen, spüren, Erfahrungen sammeln.

Wie das geht? Ganz einfach: Sei immer ein wenig auch in deinem Körper. Spüre dich bei allem, das du tust! Nimm den Druck des Stuhls unter deinem Hintern wahr, fühle die Spannung in deinem Bauch, die durch das Ein- und Ausatmen entsteht. So hast du immer auch, zumindest teilweise, eine Verbindung zum Jetzt, zum Moment, in dem du gerade (und immer) lebst, statt über die Zukunft nachzudenken, was alles passieren könnte, wenn du dies oder jenes tun oder sagen würdest ...

„Je öfter wir zusammen waren, umso mehr wurden unbekannte Gefühle in mir wach. Es wurde so schlimm, dass ich manchmal völlige Blackouts hatte. Nach und nach wurde mir klar, dass ich wohl in Thomas verliebt sein musste." Mirco

Die Angst vor der Angst

Einen zweiten Anker solltest du dort setzen, wo du ihn dir – im Moment noch – am wenigsten vorstellen kannst: in deiner Angst. Angst wird als „schlechtes" oder „negatives" Gefühl angesehen, das man vermeiden, umgehen, dem man ausweichen sollte. Im Bezug auf das Coming-out könnte das im Extremfall bedeuten, dass man sich lieber von der Familie trennt, als ihr zu sagen, wie man tickt (und sie daher nie, oder erst über Umwege erfährt, was den Sohn von ihr weggetrieben hat – was wahrscheinlich große, unnötige Verletzungen verursacht).

Aber gehen wir mal nichts ins Extrem. Der Angst auszuweichen heißt auch, das Coming-out hinauszuschieben – bis zum Sankt Nimmerleinstag. Der Angst auszuweichen heißt auch, nicht die Wahrheit zu sagen, à la „Ich hab die Richtige noch nicht gefunden". Der Angst auszuweichen heißt auch, in einer Tour Sex mit Männern zu suchen und sich einzureden, dass man ja eigentlich schon schwul lebt (als ob Sex schon alles wäre).

Indem man der Angst ausweicht, geht einem einiges durch die Lappen. Nietzsche behauptete: „Was uns nicht umbringt, macht uns nur härter". Die buddhistische Version dieser Behauptung macht es noch deutlicher: „Nur in dem Maße, in dem wir uns wieder und wieder der Vernichtung anheim geben, können wir das Unzerstörbare in uns entdecken."

Du kannst deine Stärke nur entdecken, wenn du sie immer wieder auf die Probe stellst. Du kannst die Sicherheit nur finden, wenn du dich immer wieder deiner Unsicherheit aussetzt. Und nicht zuletzt ist das Zulassen von Angst eines der besten Mittel, Mitgefühl gegenüber dir selbst zu entwickeln und auszudrücken. Mitgefühl ist die Grundlage für Liebe. Liebe zu sich selbst und zu anderen. Durch das Coming-out kannst du also zu einem besseren Menschen werden.

„‚So', sagte ich, ‚nun wisst ihr es, und ihr könnt mir einen ganz großen Gefallen tun, wenn ihr daraus kein Geheimnis macht und es den Nichtwissenden auch erzählt.'" Werner

Sich in die Angst hineinlehnen

Aber wie macht man das, der Angst nicht ausweichen? Pema Chödrön (s. Anhang) nennt es, sich ein wenig in sie „hineinlehnen". Das bedeutet nichts anderes, als sie in dem Moment, in dem du ihrer Gewahr wirst, auszuhalten, statt etwas zu unternehmen, mit dem du sie verdrängst, sie also zu spüren, statt sie zu erklären, herunterzuspielen, zu beschönigen oder Ähnliches. Im Gegenzug sollst du sie aber auch nicht vergrößern, im Sinne von „Das Leben ist eine einzige Katastrophe ..." oder dich in eine Ecke setzen und in Totenstarre verfallen wie das Kaninchen vor der Schlange.

Beim Aushalten hilft die wache Neugier dem gegenüber, was gerade passiert: „Ah, so funktioniert das also" – als würdest du die Angst studieren, erforschen, dokumentieren wollen – ohne sie zu bewerten. Mehr nicht! Aber auch nicht weniger.

„Ab welchem Alter weiß man, dass man schwul ist?"

Die Frage nach der sexuellen Orientierung beschäftigt heutzutage immer jüngere Männer. Schon 11- und 12-Jährige glauben

Manchmal ist die Angst so groß, dass du weglaufen möchtest. Dabei kann dir gerade die Angst eine Hilfe sein.

„MIT JEDEM MAL GEHT'S EIN WENIG LEICHTER!"

„Ich bin von Geburt an schwul", sagt Jochen stolz. Seine erste *Du & Ich* kaufte er in einem Pornoladen und las sie „mit Begeisterung und roten Ohren". Für die Lust gab es „die rechte und die linke Hand, ein Kissen half, die verräterischen Geräusche zu unterdrücken". Denn in seiner Jugend konnten sexuelle Aktivitäten zwischen Gleichgeschlechtlichen, unabhängig von ihrem Alter, noch geahndet werden. Als 1969 der Paragraph 175 gelockert wurde, „outete" sich Jochen gegenüber seiner Familie: Seine ältere Schwester hatte wieder einmal das Thema „Verlobte" aufs Tapet gebracht, und so eröffnete der damals 25-Jährige, dass er nicht heiraten werde. Die Schwester brach in Tränen aus, ihr Mann sagte: „Wenn du schwul bist, hast du sicher Pornohefte. Zeig die mal her!" Der Schwager blätterte genüsslich darin und befand, dass er besser gebaut sei als so mancher Pornostar. Danach waren die Magazine für Jochen entweiht.

Um sich im Job zu outen, dafür fehlte ihm der Mut; schwulen Mitarbeitern wich er sogar aus, um nicht „aufzufliegen". Bis seiner Kollegin Uschi der Kragen platzte. Mit in die Hüften gestemmten Händen brüllte sie ihn auf dem Gang an: „Wann gibst du endlich zu, dass du schwul bist?" Das war 1973.

„Dem Schönheitsideal entsprach ich nie", sagt der einen Meter dreiundneunzig große und immer schon etwas beleibte Jochen, „aber bei der Jagd war ich dennoch erfolgreich." Das promiske Sexleben fand 1997 ein jähes Ende: Blitzglatteis, Kopfsteinpflaster und der Oberschenkel war gesplittert. Auf Krücken ging Jochen noch ein Mal in die Szene. An den schiefen Blicken merkte er, dass er nun keine Chancen mehr hatte. Liegt es daran, dass in der schwulen Szene nur das ewig Junge und immer Schöne hochgehalten wird? „Kennst du denn eine Kneipe, die behindertengerecht ausgestattet ist?", fragt Jochen dagegen. „Das spricht doch für sich, oder nicht?" Dann erzählt er von dem Abend im Prinzknecht, einer Berliner Szenekneipe, in dem zwar rechts neben der Bar eine Behindertentoilette liegt, diese aber als Getränkelager benutzt wird. „Als ich da rein wollte, war das Entsetzen groß; sie musste erstmal ausgeräumt werden."

Bei Gayromeo findet man Jochen unter dem Pseudonym „Rollifahrer". Ist das mutig, so offen zu sein? Nein, es hat nur sehr lang gedauert ...

Nun, viele Operationen später, die Jochens Handicap nur verschlimmerten, so dass er sich ohne Rollstuhl nicht mal mehr durch die eigene Wohnung bewegen kann, ist das Ausgehen unmöglich geworden. „Die Scheune, in der ich früher viel Spaß hatte, ist viel zu eng, in viele Kneipen kommt man nur über Treppen hinein oder es fehlen die Aufzüge." Für Behinderte gibt es bisher kaum Treffpunkte; aus Angst abgelehnt zu werden, vermeiden viele die direkten Begegnungen, verschanzen sich stattdessen hinter einem Nickname im Internet.

Jochen geht es schon lange nicht mehr um Sex. Klar würde er sich über Zärtlichkeiten freuen, und einen Lebensgefährten zu finden, diesen Traum gibt er nicht auf – aber: „Wer will schon einen Pflegefall heiraten?" Weil sich viele Behinderte so chancenlos fühlen, hat Jochen nun die Schwubb gegründet, Schwule Behinderte in Berlin und Brandenburg (s. unten), denn: „Nur jammern bringt doch nichts!"

Seinen Namen und die Adresse auf den Flyern und im Internet preiszugeben, bereitet Jochen heute keine Magenschmerzen mehr. Natürlich könnten ihn die Nachbarn wegen des Logos mit der Regenbogenfahne schief anschauen oder der Briefträger ihm die Post nicht zustellen. Aber: „Mit jedem Coming-out wird es ein bisschen leichter."

www.schwubb.de

wissen zu müssen, ob sie schwul oder heterosexuell sind. Oder vielleicht gar bi? Klar entwickeln Jungs ihre Sexualreife heute früher als noch vor 20 Jahren. Aber warum willst du dich damit stressen, jetzt schon eine Schublade für deine Gefühle zu finden? Als jüngerer Mensch hast du den großen Vorteil, weniger äußeren Zwängen (Ehefrau, Kinder) ausgesetzt zu sein und das Leben noch vor dir zu haben. Gesetze, die dir vorschreiben dich festzulegen, gibt es nicht.

IN DIESER PHASE HILFT

- Vertraue in das, was geschieht.
- Vertraue in dich selbst, dass du die richtigen Entscheidungen treffen wirst.
- Lass dir Zeit (erwarte weder Klarheit noch Lösungen innerhalb von Tagen).
- Nimm dir Zeit für dich selbst: Du kannst nur fühlen, wenn du dir Raum dafür gibst. Dabei hilft:
    - Ruhe erlauben
    - Zeit mit dir allein verbringen
    - Ohne Ablenkung sein
    - Dich selbst spüren
    - Veränderungen bejahen
    - Das gewohnte Umfeld (Elternhaus, Beziehung, Ehe) vorübergehend verlassen, um dich ganz auf dich selbst konzentrieren zu können
- Suche nicht nach Lösungen. Sie zeigen sich, sobald die Zeit reif dafür ist.
- Mach dir keine Sorgen um die Zukunft. Sie wird auch ohne deine Sorgen geschehen. Warum also Zeit mit Sorgen verschwenden?
- Sprich mit niemandem, der dir nicht helfen kann
- Belaste niemanden, der damit nicht fertig wird.
- Mühe dich nicht, deine Gefühle verstandesmäßig zu begreifen.

Und vergiss nicht: Als junger Mensch bist du sehr beeindruckbar. Zeitschriften, Klassenkameraden, Werbung bläuen dir ein, dass du nun auf diesen oder jenen Schauspieler abfahren musst. Wenn du also meinst, ohne Jake Gyllenhaal nicht mehr leben zu können, heißt das noch lange nicht, dass du homosexuell bist. Denk nicht, sondern lass dich von deinem Herz leiten. Dein Körper wird dir genau sagen – und er ist der Einzige, der das vermag –, ob es dir mehr Spaß macht, mit Mädchen oder mit Jungs rumzufummeln. Um das genau zu erfahren, musst du es natürlich erst ausprobieren ...
Nicht zuletzt: Du wirst es wissen. Das verspreche ich dir. Wenn du vertraust, werden sich deine Fragen eines Tages ganz von alleine geklärt haben.

„Bin ich Junge oder Mädchen?“

Schwul, bi, trans ... Betroffene haben in den letzten Jahren zwar immer mehr Schubladen geschaffen, aber es sind dennoch Schubladen geblieben. Wenn ich als schwuler Mann mich heute in einen Transboy vergucke, also in einen als Mädchen geborenen Menschen, der sich aber als Junge fühlt und gibt, muss ich mich dann nicht genau genommen bisexuell nennen?

Klar möchte jeder irgendwo dazugehören. Problematisch wird es, wenn man sich in eine Schublade verkriecht (ganz gleich in welche), weil sie einen daran hindert, das ganze Spektrum des Menschseins auszuleben. Die Geschichte von Max (S. 146f) beweist, dass sich die Vorliebe für ein bestimmtes Geschlecht durchaus ändern kann. Warum nicht offen bleiben? Wieso sollte sich jemand der Liebe verweigern, die ihm begegnet, ganz gleich in welchem Kostüm?
Die Kehrseite ist natürlich, dass man sich verleugnet, nach dem Motto: „Ich habe zwar seit 25 Jahren ausschließlich mit Männern Sex, aber das könnte sich ja mal ändern, deshalb oute ich mich lieber nicht." Sich zu bekennen, ohne sich festzulegen und ohne sich zu beschränken, das ist die hohe Kunst der modernen Geschlechteridentität.
Vergiss nicht, dass Lesen lehrreich ist, grundlegende Veränderungen aber nur durch Erfahrungen erfolgen. Wenn du also Angst vor der Berührung durch einen Mann hast, kannst du viele Bücher lesen und philosophisches Rätselraten veranstalten. Die Angst überwinden oder aber verstehen, was ihr zugrunde liegt wirst du schneller und genauer, wenn du dich in die Arme eines vertrauenswürdigen Mannes legst.
Woher nehmen und nicht stehlen? Damit beschäftigen wir uns im Kapitel *Unter Schwänen*.

DICH SELBST WAHRNEHMEN (ZUSAMMENFASSUNG)

Der Einzige, der mit deinem Leben glücklich werden muss, bist du! Deshalb bist du auch vorerst der Einzige, für den es relevant ist, ob deine Lebensgefährten künftig weiblich oder männlich sein werden, ob du dein Leben als Mann oder als Frau oder als asexuelles Wesen zubringen wirst. In dieser Phase musst und darfst du nur an dich denken. Und vergiss nicht, dies auf liebevolle, mitfühlende Weise zu tun. Du hast es verdient.

Das richtige Wissen

Der zweite Pfeiler deiner Brücke in die neue Welt besteht daraus, (möglichst gesicherte) Informationen zu sammeln. Antworten auf deine Fragen findest du unter anderem in Büchern. Achte darauf, Quellen anzuzapfen, die vertrauenswürdig sind und von denen du Unterstützung erwarten kannst. Die Kirchenbibliothek ist in der Regel mit derartigen Texten schlecht bestückt. In Stadtbibliotheken oder „normalen" Buchläden weiß man nicht so genau, wie der

Einkäufer tickt. Aber bei schwulen Buchläden kannst du sicher sein, dass sie darauf achten, keine Bücher im Regal stehen zu haben, die (z.B. christlich fundamentalistischen) Unsinn verbreiten.
Liegt keiner in deiner Nähe (Adressen im Anhang), besuche sie im Internet: www.gaybooks.de oder www.brunos.de. Am Ende dieses Buches findest du eine Liste von brauchbaren Ratgebern zum Einstieg.

Lesen und schauen

„Ich wusste noch nichts über Sex, aber die Gefühle waren da. Es gab diesen Jungen, dem ich immerzu nah sein wollte." Paul

Auch Romane und Filme helfen dir weiter, weil sie dir zeigen, wie andere mit dem Schwulsein umgehen. Aber beschränk dich nicht nur auf *ein* Buch bzw. lass dich nicht nur von *einer* Filmfigur inspirieren, sondern studiere viele. Je mehr, desto besser. Indem du dich dem Thema und vor allem Betroffenen immer wieder aussetzt, wirst du spüren, welche Veränderung für dich ansteht. Deine innere Stimme ist der einzige wirklich glaubwürdige Wegweiser.

Gruppen

Die einfachste Möglichkeit, sich zu informieren, besteht darin, sich einer Gruppe anzuschließen. In jeder größeren Stadt gibt es Gesprächsgruppen für Jugendliche, Väter, Bisexuelle, Transsexuelle, ältere Schwule, schwule Ehemänner, HIV-Positive ... Wenn die nächste große Stadt unerreichbar weit weg erscheint, hilft dir auch hier das Internet weiter (s. Adressen im Anhang). Desweiteren gibt es Möglichkeiten, an überregionalen Gruppen teilzunehmen, z.B. im Waldschlösschen (s. Adressen). Jede schwule Hotline wird dir gerne weiterhelfen.

Vorurteile abbauen

Informieren ist das eine, aber nichts hemmt dich mehr als du selbst. Wenn du in unserer westlichen Gesellschaft aufgewachsen bist, ist es sehr wahrscheinlich, dass du eine Menge Vorurteile gegenüber Sexualität und sexuellen Orientierungen angesammelt hast. Die Vorurteile der anderen irritieren dich vor allem dann, wenn du es zulässt, wenn also irgendwo in dir eine Stimme sagt: „Der hat Recht" oder auch nur „Vielleicht hat er ja Recht". Deshalb ist es zum einen wichtig, in deinem Oberstübchen aufzuräumen, indem du deine Vorurteile kennen lernst – und damit auch die Vorurteile deiner Mitbürger –, sie einer genauen Analyse unterziehst und sie

Gemeinsam sind wir stark – zumindest stärker als jeder für sich allein. Mit Unterstützern an der Seite fällt das Coming-out leichter.

„VOR MEINER MUTTER ZU STERBEN, WAR MEINE GRÖSSTE ANGST“

Seinem Freund sagte er es, gleich nachdem er das Ergebnis erhalten hatte. Aber wie soll ich es meinen Eltern beibringen?, fragte sich Ralph: „Schließlich ist HIV kein Gendefekt, sondern ein tödliches Virus." 1993 lag die Lebenserwartung noch bei drei, vier Jahren. „Die Vorstellung, dass meine Mutter an meinem Grab stehen muss, nur weil ich Aids trotz besseren Wissens auf die leichte Schulter genommen hatte, fand ich fürchterlich."

Das Geständnis intensivierte die Beziehung zu seinen Eltern. Der Kuss zur Begrüßung, die Körperlichkeit: unverändert. Auch seine Geschwister reagierten gefasst. Sein Freund ließ sich sofort testen. Negativ. Gott sei Dank. Dennoch war die Beziehung fortan belastet. Der Sex veränderte sich. Natürlich. Viel schlimmer war für Ralph die Frage, wie viel Angst der andere wirklich hat, ohne sie zuzugeben. „Das fragt man sich immer: Was denken die anderen? Und gibt sich selbst die Antworten. Zurück bleibt Schweigen." Ralph zog sich immer mehr von ihm zurück. Bis zur Trennung.

„Oft sagen Sexpartner: ‚Lass den Gummi weg, ich übernehme die Verantwortung'", erzählt Ralph, „aber wenn ich jemanden infiziere, muss ich doch damit leben." Und das will er nicht. „Alle reden immer nur von den Nebenwirkungen der Medikamente", sagt er. „Keiner spricht über die emotionalen Nebenwirkungen. HIV ist eine Belastung für Psyche und Sexualleben. Es kann mir keiner erzählen, dass er damit glücklich lebt."

In seinem Beruf als Hotelfachmann hat er seine Krankheit nie an die große Glocke gehängt, aber wenn er gefragt wurde, sagte er die Wahrheit – und hat damit nur positive Erfahrungen gemacht. „Plötzlich verstanden meine Kollegen, wenn es mir z.B. wegen neuer Medikamente mal nicht so gut ging."

Ralph ging es wie den meisten: Die Aufregung beim Anblick anderer Jungs versteckte er, die* Du&Ich *kaufte er heimlich, und bevor er den Mut fand, einen schwulen Buchladen zu betreten, tigerte er stundenlang davor herum. Aber als er sich infiziert hatte, wollte er das keinen Tag lang verstecken.

Kürzlich gab der momentan Arbeitslose einer großen Tageszeitung ein Interview. Noch ein Coming-out. „Ist dir das jetzt nicht unangenehm, wenn du ausgehst?", fragten ihn seine Freunde. „Jetzt wissen es doch alle." Aber für Ralph ist damit noch eine Hürde gefallen. Es war für ihn zwar immer selbstverständlich, andere vor dem Sex über seinen Immunstatus zu informieren, aber „nach dem Interview fällt es mir nun noch leichter."

Diskriminierung ist Ralph nicht fremd. Als er wegen einer Lungenentzündung in die Klinik musste, wollte die Ärztin nicht, dass über seine Krankheit gesprochen wird, „damit er nicht diskriminiert wird" – und diskriminierte ihn damit selbst. HIV ist eben immer noch ein Makel. Letztes Jahr hat Ralph einen Freund tot vor seiner Wohnung aufgefunden. In der Todesanzeige stand Herztod. Bei einem anderen Prostatakrebs. „Es stimmt, heute stirbt keiner mehr an Aids, aber an den Folgen davon, und wenn es Alkoholismus ist. Ohne HIV nimmt das Leben einen anderen Verlauf."

Viele fanden es mutig, dass Ralph in der Zeitung über seine HIV-Infektion sprach, dass er in Schulen geht und den Kindern Fragen beantwortet, dass er sich stellt. „Ich finde das nicht mutig", sagt er, und den Positiven, die ihn um diese Offenheit beneideten, riet er: „Keiner muss einer Zeitung ein Interview geben. Fang bei deinen Freunden und deiner Familie an!"

www.aidshilfe.de
www.aidsfinder.de
www.rki.de

hinterfragst. Zum anderen solltest du vermeiden, neue aufzubauen, z.B. gegenüber Männern mit „weiblichem" Verhalten, Dicken, Älteren, Männern, die Goldketten tragen oder sich die Haarspitzen blondieren ...

Vorurteile sind Grenzen

Jedes Vorurteil ist eine Begrenzung. Wie ein Zaun nimmt es dir die Möglichkeit zu entdecken, was sich dahinter verbirgt. Mit jedem dieser Zäune wird dein Lebensraum ein bisschen enger.
Ich hatte früher große Vorurteile gegenüber einer für mich damals völlig undifferenzierten Gruppe von Männern, die sich gerne in schwarzes Leder kleidet, weil man ihnen nachsagte, dass sie SM praktizieren, mit Pisse spielen, schmutzig und gefühllos sind. Bis ich jemanden kennen lernte, den ich ganz nett fand. Tage später traf ich ihn in einer Kneipe und sah, dass er Lederkleidung trug. Zuerst stockte mir der Atem, aber dann unterhielt ich mich trotz meiner Vorbehalte mit ihm, ja, erzählte ihm davon. Als er mich zu einer Party einlud („Damit du deine Vorurteile überprüfen kannst"), machte ich mir fast in die Hosen. Da wurde mir klar: „Du hast eine Scheißangst. Wovor eigentlich? Vor dem, was andere tun? Oder eher davor, dass es dir selber Spaß machen könnte?"

DEINE VORURTEILE ÜBER HOMOSEXUALITÄT

Nimm einen Block und schreib alle Vorurteile auf, die dir zum Thema Homosexualität einfallen – selbst wenn sie dir albern erscheinen. Wir sind mit ihnen aufgewachsen; auch wenn viele nicht bewusst ausgesprochen wurden, lauern sie irgendwo in deinem hübschen Köpfchen auf den Moment, in dem sie herausspringen können. Z.B. wenn der Macho-Onkel blöde Schwulenwitze reißt, und du am Kaffeetisch hilflos daneben sitzt, oder – unangenehmer noch –, wenn dir nachts irgendwelche Idioten auflauern, um dich zu vermöbeln. In diesen Momenten sind Selbstbewusstsein und Selbstwertgefühl gefordert. Wer sich schuldig („Ich hab es verdient") oder minderwertig („Sie haben Recht, ich bin ein Freak") fühlt oder sich gar selbst ablehnt („Wäre ich doch nur nicht so ..."), den verletzen Hänseleien, Übergriffe und Angriffe wesentlich mehr, als jemanden, der mit sich selbst einverstanden ist, der sich selbst vorurteilsfrei annehmen, ja lieben kann.
Okay, alle aufgeschrieben? Nein, dir fallen bestimmt noch ein paar ein.
Nimm dir wirklich Zeit dafür, ich meine das ernst.
So, nun sieh dir die Liste an. Verdammt lang, was? Geh sie Schritt für Schritt durch und überprüfe sie an der Wirklichkeit. Sind wirklich alle Schwulen so, oder gab es vielleicht nur mal eine Person, die dieser Verhaltensweise entsprach? Oder glaubst du nur, dass jemand so ist, weil man in der Öffentlichkeit so über ihn denkt?

Es hat dann eine ganze Weile gedauert, bis ich mich meiner Vorurteile entledigt hatte. Wieder und wieder ging ich gucken, nahm jemanden mit nach Hause und lernte so Schritt für Schritt, was von meinen Vorstellungen bloße Einbildung (Vorurteil) war und was der Realität entsprach (sehr wenig).
Vorurteile sind Gedankenkonstrukte, die dich davon abhalten, die Welt zu sehen, wie sie wirklich ist. Sie schließen Verbote und Normen ein, alle Vorstellungen darüber, wie etwas zu sein hat, was gut und was schlecht ist.
Dazu zähle ich auch Vorurteile, die auf den ersten Blick positiv erscheinen, wie z.B. dass alle Schwulen künstlerisch veranlagt seien. Ich bin mir sicher, dass in vielen KFZ-Werkstätten und auf vielen Baustellen Heterosexuelle den Schwulen vorgezogen werden, weil man den angeblich so Zartbesaiteten die harte Arbeit nicht zutraut.

Mythen entzaubern

Im Folgenden werden wir uns einige der am meisten verbreiteten Mythen ansehen und an der Wirklichkeit überprüfen.

Homosexualität entsteht durch Verführung

Dieses Argument ist schon dadurch zu entkräften, dass in Deutschland etwa 100.000 Kinder mit ihren homosexuell lebenden Eltern zusammenleben, und diese Gruppe keinen signifikant höheren Prozentsatz an Homosexuellen hervorbringt.
Könnte man Heterosexuelle zur Homosexualität verführen (aus Enten Schwänen machen), müsste das auch in die andere Richtung funktionieren, oder nicht? Schon meine eigene Geschichte zeigt, dass dies Unsinn ist. Ich hatte sehr viel Spaß mit Frauen, eine wollte mich sogar heiraten und zog dazu alle Register. Aber ich habe mich nicht darauf eingelassen, weil ich einfach keine tiefere innere Verbindung zu Frauen aufbauen konnte.

„Homosexuelle sind krankhaft und contra naturam und somit dem Randbereich der Entartung zuzurechnen. Dieser Rand muss ausgedünnt werden.“ Hans (Johann Baptist) Zehetmair, Kultusminister von Bayern (CSU)

Schwule erkennt man ...

... nicht! Ja, wer im Fummel rumrennt oder sich besonders weiblich gibt, wird als schwul bezeichnet. Aber das ist manchmal ein großer Irrtum. Nehmen wir nur mal Dame Edna Superstar, die als Frau sogar im Fernsehen auftrat und damit Furore machte. Hinter der Bühne ist er ein unangezweifelter Weiberheld. Ebenso gibt es genügend Heterosexuelle, die nicht besonders männlich wirken. Und nicht zuletzt gibt es Homos, die nicht mal von anderen Homos erkannt werden.

DIE GRÖSSTEN MYTHEN ÜBER HOMOSEXUALITÄT

- Homosexualität ist genetisch bedingt
- Schwule können keine Familie gründen und sind im Alter einsam
- Schwule erkennt man schon auf große Entfernung
- Schwule haben anonymen Sex
- Schwule haben schmutzigen Sex
- Schwule sind promisk
- Alle Schwulen haben Analsex
- Schwule sind Frauenhasser
- Homosexualität ist unnatürlich
- Die Schwulen sind schuld an Aids
- Schwule verführen kleine Kinder

Schwul werden immer nur die jüngsten Geschwister, weil die älteren für den Nachwuchs sorgen

Eine fantastische Theorie. Als würde irgendwo jemand sitzen und Statistiken führen. Auf jeden Fall hat er ordentlich einen im Tee, denn wer Schwule befragt, wird jede Menge Einzelkinder antreffen, aber auch Erstgeborene, ebenso Familien, in denen mehrere, wenn nicht gar alle Kinder homosexuell sind.

Schwule sind eine unbedeutende Minderheit

Laut den Forschungsergebnissen von Alfred C. Kinsey (von Paul Gebhard überarbeitete Daten von 1979: *The Kinsey Data: Marginal Tabulations of the 1938-1963 Interviews Conducted by the Institute for Sex Research)* sind ca. 13% der Bevölkerung homosexuell (schwul und lesbisch), 37% der Männer haben bisexuelle Neigungen. Ausschließlich heterosexuell sind demnach nicht mal 60% aller Männer. Ganz schön wenig, was?

Schwule sind keine richtigen Männer

Was zeichnet einen Mann eigentlich aus? Bier trinken, rülpsen und in der Nase bohren? Schwule gibt es in der Politik, beim Fußball, in Kranführerhäuschen ... wie viel männlicher muss es werden?

Im Homosexuellenmilieu geht es kriminell zu

Allein über den Begriff „Homosexuellenmilieu" könnte man sich lang und breit auslassen, wäre dies im Zuge des Mordes an Rudolph Moshammer nicht schon geschehen.
Immer mal wieder unternimmt jemand den Versuch, Schwule als gewalttätig hinzustellen, dabei ist nachgewiesen, dass es in homosexuellen Beziehungen viel seltener zu Gewalttaten kommt als in heterosexuellen. Wer sich selbst vom Unterschied überzeugen will, muss nur mal das bunte Treiben der Homosexuellen während des

Oktoberfests mit dem der heterosexuellen Männer vergleichen. An jedem ersten Sonntag findet in der Bräurosl das inzwischen legendäre Schwulentreffen statt. Während sich anderswo betrunken wird, bis die Maßkrüge fliegen, wird in der Bräurosl geknutscht. Wenn es in der Szene zu Gewalttaten kommt, liegt das meist daran, dass Schwulenhasser (z.B. Neonazis) so 'ne arme Schwulette platt machen oder Drogen- oder Prostitutionsgeschichten laufen, die mit dem Thema Homosexualität an sich nichts zu tun haben.

Schwule sind eine Gefahr für die Kinder

In diesem Vorurteil sind gleich zwei Mythen enthalten: 1. die Verführungsidee (siehe oben) und 2. die Vorstellung, Homosexuelle wären pädophil, heißt: wären an Sex mit Kindern interessiert. Die Statistik aber zeigt, dass die Mehrzahl der Opfer sexuellen Missbrauchs Mädchen sind, die von heterosexuellen Männern geschändet werden. Seltsamerweise kommt deshalb niemand auf die Idee, Heterosexuelle unter den Generalverdacht der Pädophilie zu stellen.
Selbst der Gesetzgeber hat dies mittlerweile eingesehen und 1994 nach langen Anhörungen von Wissenschaftlern die bis dahin wesentlich strengere Schutzaltergrenze für homosexuelle Handlungen aufgehoben.

„Wenn ich über steuer- und erbrechtliche Anerkennung von homosexuellen Paaren diskutiere, dann kann ich gleich über Teufelsanbetung diskutieren." Edmund Stoiber, Bayerischer Ministerpräsident

Aids ist eine Schwulenkrankheit

Aids (Abk. für den englischen Begriff: *Acquired Immune Deficiency Syndrome*) ist eine Immunschwächekrankheit, die die Abwehrfähigkeit des Körpers so weit herabsetzt, dass einfache Krankheitserreger zur lebensgefährlichen Bedrohung werden können. Verursacht wird diese Krankheit durch das HI-Virus (Human Immunodeficiency Virus).
HI-Viren werden über menschliches Blut oder Sperma übertragen. Damit sind alle Menschen potenziell gefährdet, die mit Blut und Sperma von anderen in Berührung kommen: Homo-, Hetero- oder Sonstwiesexuelle; die Viren unterscheiden nicht zwischen Kindern, Müttern oder jenen Menschen, die sich ihres (gefühlten) Geschlechts noch nicht sicher sind.
Wie wenig sich die Viren um Geschlechterrollen kümmern, kann man in Afrika und zunehmend auch in Osteuropa sehen: Dort ist der heterosexuelle Geschlechtsverkehr der weit häufigere Übertragungsweg.

COMING-OUT AUF RATEN

Thorsten will anonym bleiben, um den Angehörigen seiner Ex nicht zu schaden, lebt aber offen schwul.

„WENN ICH ES IHR SAGE, BIN ICH SIE LOS“

Sex war Thorsten schon immer wichtig. Das erste Mal war mit einer Frau. Seiner Biolehrerin. Mit 15. Wenig später entdeckte er die Sache mit den Männern. „Meiner ersten Freundin erzählte ich das nicht, weil ich nur eine Art körperliches Abreagieren darin sah. Sexuell und mit dem Herzen fühlte ich mich ihr ganz und gar zugehörig.“

Aber sie ahnte etwas. „Du betrügst mich“, warf sie ihm vor und setzte „mit einer anderen“ hinzu, so konnte Thorsten aufrichtig verneinen. Gut ging es ihm dabei nicht. Dann hatte sie eine Fehlgeburt. Sie sprachen nicht mehr miteinander, stille Vorwürfe folgten, „ich fühlte mich schuldig.“ Die Trennung war unabwendbar.

„Ich blieb lange Zeit allein, musste mir klar werden, was da eigentlich läuft.“ Dann begegnete ihm Erika. Schmetterlinge im Bauch, der Traum von Gemeinsamkeit, die Hoffnung auf ein Kind, eine Familie. „Ich war mir sicher, sie würde schreien, wenn ich ihr die Wahrheit sagte“, aber er wollte sich nie wieder in so eine Lügenfalle begeben. Thorsten machte mit ihr ein Picknick und schenkte ihr weitab vom Publikum reinen Wein ein. Sie nahm ihn in den Arm. Beide weinten. Thorsten aus Anspannung, und Erika? „War's das jetzt?“, fragte er sie. „Nein, wieso? Ich hab dich so kennen gelernt, das bist du.“

„Das klingt sehr easy, war es aber nicht.“ Spielregeln halfen: freitags hatte Erika ihren Weiberabend, und Thorsten ging auf die Rutsche. Auch das Umfeld weihten sie ein.

Die Mutter hatte es geahnt, der Vater schluckte es, weil der Sohn ja offiziell mit einer Frau zusammenlebte. Die meisten Freunde nahmen es gelassen, „nur ein befreundetes Pärchen schickte uns Infomaterial von einer Schweizer Sekte, die Homosexualität für heilbar hält."

Es ging. Immer besser. Fünf Jahre lang, dann hatte auch Erika eine Fehlgeburt. „Das konnte kein Zufall sein." Thorsten magerte ab, wurde krank und musste in die Klinik. Erika hatte plötzlich keine Zeit mehr für ihn, dafür Manfred, der schwule Bekannte. Vor der Arbeit, nach der Arbeit und zwischendurch am Telefon. „Ihm konnte ich all das sagen, was ich Erika nicht sagen konnte."

Thorsten ist 42 und lebt seit zehn Jahren mit seinem Freund Manfred zusammen. Sex mit Männern hatte er schon lange davor. Dass er sie auch lieben kann, erfuhr er erst durch einen Schicksalsschlag.

Als Manfred in den Urlaub flog, ließ er seine Schlüssel zurück, „falls ich nach meiner Entlassung nicht nach Hause wollte ..." Thorsten stand in der fremden Wohnung, „sie fühlte sich so vertraut an." Da flog er Manfred hinterher, überraschte ihn im Hotel. „Was passiert mit mir?", fragte Thorsten, der sich noch immer gegen seine Gefühle wehrte. Sex mit Männern kannte er, aber dass man sie lieben und mit ihnen leben kann, war ihm fremd. „Das ist Liebe", sagte Manfred, und es wäre fast ein Happy End.

Erika machte Thorsten Vorwürfe und wollte die Trennung. Dass ihr ein Kollege über die Trauer hinweggeholfen hatte, erfuhr Thorsten über Dritte – es fiel ihr schwer, das zuzugeben. „Hättest du Sex mit anderen Frauen", hatte sie immer gesagt, „könnte ich um dich kämpfen, gegen einen Mann komme ich nicht an." Nun hatte sie einen Mann gefunden, der ihr gab, was Thorsten ihr nicht mehr geben konnte. „Das tat weh." Als er am vereinbarten Wochenende seine Sachen aus der gemeinsamen Wohnung holte, war Erika nicht da. Aber ihre beiden erzkatholischen Brüder bereiteten ihm einen unschönen Empfang.

Das letzte Coming-out haben die Eltern dann nicht so leicht verdaut. Der Vater verweigerte Thorsten Nähe, Besuche wurden zur Pflicht. Vier Jahre lang, bis die Mutter dem Vater drohte: „Entweder akzeptierst du das jetzt, oder du kriegst Probleme mit mir." Heute umarmt er Manfred sogar.

Lust auf Sex mit Frauen hat Thorsten trotzdem, aber mehr aus Fortpflanzungsgründen, denn ein Kind wünscht er sich immer noch. Zusammen mit zwei Frauen wollen Manfred und er nun eine Regenbogenfamilie gründen. Eine Anwältin riet ihnen, die Vormundschaft vertraglich zu regeln. Falls der Mutter des Kindes etwas zustoßen sollte, könnten Jugendamt oder Richter nämlich entscheiden, das Sorgerecht nicht dem schwulen Vater, sondern der Familie der Mutter zuzusprechen. Wieder ein Grund, sich zu verstecken? Thorsten sagt Nein!

Homosexualität ist eine Krankheit
Über hundert Jahre lang wurden Homosexuelle den aberwitzigsten „Therapien" unterzogen, um sie „umzupolen". Ohne Erfolg. Seit 1993 ist es amtlich: Die Weltgesundheitsorganisation (WHO) hat Homosexualität aus der Internationalen Liste der Krankheiten gestrichen. Homosexualität ist keine Krankheit und kann daher auch nicht geheilt werden.
Allerdings kann Ausgrenzung oder gar Verfolgung krank machen. Vor allem der Versuch, die eigene Sexualität zu unterdrücken, ist Ursache für mangelndes Selbstwertgefühl und ruft oft psychische Störungen bis hin zu Selbsthass und einer fehlenden Lebensperspektive hervor.

Bisexuelle sind Homos, die sich nicht entscheiden wollen
Stammt wohl aus derselben Quelle wie die Vorstellung, Schwule könnten umgedreht werden. Auch Bisexualität ist keine Lebensentscheidung, sondern ein inneres Bedürfnis, oft verbunden mit einer großen Spannung. Denn Partner aus zwei Geschlechterwelten gleichzeitig haben zu können, ist nicht einfach. Von anderen verurteilt oder abgestempelt zu werden, erleichtert ihnen das Leben nicht gerade.

„Homosexualität ist nämlich im Gegensatz zu dem, was man landläufig glaubt, nicht angeboren und im Übrigen auch veränderbar."
Hans-Jürgen Irmer, Hessische CDU

Homosexualität ist ein Ausdruck der Dekadenz unserer Gesellschaft
Ein Blick in die Welt verrät, dass Homosexuelität selbst bei Naturvölkern verbreitet ist. Laut einer Statistik von Völkerkundlern tolerieren oder akzeptieren weltweit 64% aller Gesellschaften Formen der gleichgeschlechtlichen Liebe.

Homosexualität ist unnatürlich
Nun, wie unnatürlich kann sie sein, wenn selbst Naturvölker sie praktizieren? Sie findet sich auch im Reich der Tiere, die nicht durch Fernseher oder Medien verbildet sein können. Im Osnabrücker Zoo lebten Edgar und Holger, zwei schwule Störche 16 Jahre lang zusammen und wurden sogar Bruteltern eines verlassenen Pinguineis.
Der Amsterdamer Zoo, Artis, hat das Potenzial schwulen Paarungsverhaltens entdeckt und bietet sogar Homo-Touren an. Unter anderem können Affen, Gänse, Gorillas, Flamingos und Elefanten gesichtet werden, die mit Oralverkehr und Fickereien

Irgendwann werden dich die Vorurteile schlichtweg langweilen.

blackout

die wohl natürlichste Form des gemeinschaftlichen Vergnügens demonstrieren. „Wir haben viele homosexuelle Besucher, die mit ihren Eltern nach dem Coming-out hierher kommen", berichtet der Zoodirektor.

„Viele Menschen, die Adolf Hitler um sich hatte, waren Satanisten, viele von ihnen Homosexuelle – die zwei Dinge scheinen zusammenzugehören." Pat Robertson, Vorsitzender des Christian Broadcasting Network

Mit der richtigen Frau ...

Eine lustige Variation der Verführungstheorie (s.o.), die impliziert, man müsste nur mal „richtigen" Sex haben – als ob Schwule den nicht hätten ... Die Umkehrung dieses Mythos findet sich übrigens auch unter Schwulen unter dem Titel: „Wenn man dem [Hetero] nur mal richtig einen blasen würde ..."

Die Krux an diesem Konzept ist, dass Sex abgespaltet werden kann. Natürlich können sich Heteros einen blasen lassen und dies vielleicht sogar bis zu einem bestimmten Maß genießen. Echte Herzensgefühle mit der Sexualität zu entwickeln, ist jedoch eine ganz andere Angelegenheit.

Man wird schwul, wenn die Eltern sich ein Mädchen gewünscht haben

Unsinn – ebenso bei Kinsey nachzulesen.

Man wird schwul, weil man als Kind mit Puppen gespielt hat

Völlig falsch. Es gibt Tausende von Jungs, die Interesse an Puppen hatten und nicht schwul geworden sind, genauso wie es Schwule gibt, die mit Autos, Baukästen und Fußbällen gespielt haben.

Schwule sind Memmen und Mamasöhnchen

Tatsächlich hingen viele kleine Jungen, die sich später als schwul erweisen, an Mamas Rockzipfel. Das hat aber mit der frühkindlichen Phase der sexuellen Entwicklung zu tun. Da orientieren sich die Jungs an der Mama, um Papa zu gefallen. Aber dem Papa ist das in der Regel nicht geheuer, er zieht sich zurück, und Sohnemann – weil er sich zurückgesetzt fühlt – hängt sich an die Mama.

„In den Augen des Herrn ist Homosexualität eine Abscheulichkeit." Ronald Reagan, ehemals US-Präsident

Schwule sind nicht bindungsfähig

Nun, bevor ich mit dem Finger auf die Scheidungsrate der Hetis verweise, möchte ich doch mal fragen, „Was bitteschön heißt bindungsfähig?" Es ist verdammt noch mal keine Leistung, 100 Jahre mit demselben Partner zusammen zu sein und schon gar

kein Qualitätsmaßstab. Angst vor Einsamkeit, mangelndes Selbstwertgefühl, Unfähigkeit zur Veränderung ..., da fallen mir tausend Ursachen für langwährende Beziehungen ein, die nicht die Bohne positiv sind.
Abgesehen davon gibt es jede Menge schwule Paare, die schon zehn, zwanzig oder mehr Jahre mit ihrem Partner zusammenleben. Freunde von mir haben – nachdem das endlich möglich geworden ist – ihre bereits 35 Jahre währende Partnerschaft rechtlich absichern lassen. Solche Beispiele gibt es zur Genüge.

„Ich respektiere die Homosexuellen wie alle anderen Kranken auch. Aber wenn sie ihre Krankheit als Gesundheit deklarieren wollen, dann muss ich deutlich sagen, dass ich nicht mehr einverstanden bin." Arthur Elchinger, Bischof von Straßburg

Schwule treiben es mit jedem und überall

Herrje, wenn es nur so wäre.

Alle Schwulen haben anonymen Sex

Keineswegs. Zwar gibt es diesbezüglich keine umfassenden Studien, aber die wenigen, die es gibt, weisen darauf hin, dass die Mehrheit der Schwulen nicht auf anonymen Sex abfährt, sondern sehr genau wissen will, mit wem sie es treibt.

Alle Schwulen sind promisk

Dito. Zwar lässt sich ohne Zweifel nachweisen, dass mit der Dauer einer Beziehung das Bedürfnis nach Sex ausschließlich mit dem Lebensgefährten abnimmt, ebenso muss man jedoch bemerken, dass es auch langjährige Partnerschaften gibt, die an Sex außerhalb der Paarbeziehung nicht interessiert sind. Siehe z.B. die Studie von Michael Bochow (*Same-Sex Couples, Same-Sex Partnerships and Homosexual Marriages. A Focus on Cross-Country Differentials. Stockholm University, 25-26 September 2003*). Während von Frischverliebten (innerhalb der ersten sechs Monate) gerade mal 20% das Bedürfnis nach Appetithäppchen außerhalb der Beziehung haben, sind es nach vier Jahren 72%.

Alle Schwulen lassen sich in den Arsch ficken

Ein weit verbreitetes Vorurteil selbst unter Schwulen, das vielen Jungs während des Coming-outs zu schaffen macht, weil sie Angst vor dieser Art von Sexualität haben. Schließlich: Wer noch nicht gefühlt hat, wie genussvoll Analverkehr sein kann, sorgt sich berechtigterweise. Bigott an der Geschichte ist, dass auch viele Heterosexuelle diese Praktik betreiben.
Aber: Keine Angst, niemand muss sich ficken lassen. Nach meinen Beobachtungen (siehe *Bück dich! Mehr Spaß am Analsex*) betreiben etwa nur 30% der Schwulen diese Praktik.

MYTHEN ENTZAUBERN (ZUSAMMENFASSUNG)

Das Kinsey-Institut (A.P. Bell u. a.: *Der Kinsey-Institut-Report über sexuelle Orientierung und Partnerwahl*, München 1980) hat nachgewiesen, dass die meisten der bisher versuchten Erklärungen über die Entstehung von Homosexualität falsch sind, z.B. die folgenden, von manchen Psychoanalytikern geäußerten Behauptungen:

- Homosexuelle Männer würden sich stärker mit ihren Müttern identifizieren als heterosexuelle
- Die Vater-Sohn-Beziehung sei entscheidend für die sexuelle Orientierung
- Die Geschwister (beispielsweise Genitalspiele mit den Brüdern) hätten Einfluss auf die Entstehung von Homosexualität
- Der Wunsch der Eltern nach einem Mädchen würde Söhne zu Homosexuellen machen
- Homosexualität entstehe durch Verführung

Die Probleme (häufig wechselnde Partner, Sexualisierung von Beziehungen, höhere Selbstmordrate als in Vergleichsgruppen ...) entstehen dadurch, dass Homosexuelle sich nicht akzeptiert sondern ausgegrenzt fühlen bzw. dass sie aktiv diskriminiert werden. Daran kann man sehr wohl etwas ändern, z.B. indem man ein starkes Selbstwertgefühl entwickelt, das einem den Mut und die Kraft zum Coming-out gibt.

Unterstützung holen

Ein weiterer Pfeiler, auf den du von Anbeginn deines Coming-outs bauen solltest, ist Unterstützung. Die findest du am besten unter Gleichgesinnten, also bei allen Projekten, die von Anderssexuellen (einige findest du im Adressteil am Ende des Buches) angeboten werden. Dort kannst du beratende Gespräche in Anspruch nehmen, aber auch Gruppen finden, die sich regelmäßig treffen, um sich auszutauschen; größere Beratungsstellen haben meist sogar ein Angebot für unterschiedliche Lebenssituationen: schwule Väter, schwule Gläubige, junge Schwule, reife Schwule, Schwule mit körperlicher Behinderung ...
Sich Unterstützung zu holen, ist aus mehrerer Hinsicht angesagt: Du bekommst in den Gesprächen Antworten auf viele deiner Fragen. Andere Menschen kennen zu lernen, die das bereits hinter sich haben, was du gerade durchmachst, gibt dir Halt. Zudem zählt es zu den nährendsten Erfahrungen während eines Coming-outs,

dass man mit seinen Gefühlen, Ängsten und Bedürfnissen nicht allein ist.
Natürlich können dir auch Filme und Romane eine Begleitung sein, da sie aber oft nur einen kleinen Ausschnitt oder Zerrbilder schwulen Alltagslebens widerspiegeln, geht nichts über die persönliche Erfahrung.
Sollte sich in deiner Umgebung keine Coming-out-Gruppe finden, die sich regelmäßig trifft, versuche dich einer überregionalen Gruppe anzuschließen (siehe Anhang) – schon ein Wochenende im Waldschlösschen kann Wunder bewirken.
Wenn dir selbst das unmöglich erscheint, nutze, um mit anderen Schwulen in Kontakt zu kommen, eine der vielen Möglichkeiten im Internet. Meide am Anfang jedoch Portale, in denen Männer vor allem auf Sex aus sind. Die Gefahr ist groß, dass deine Partner zu sehr mit ihren sexuellen Bedürfnissen beschäftigt sind, als dass sie dich richtig wahrnehmen.
Ist die Hemmschwelle, in eine Gruppe zu gehen, zu groß, wende dich an eine der vielen Anlaufstellen, die Beratung anbieten. So kannst du zumindest schon mal mit jemandem sprechen, und er wird dich vielleicht an anderen Stellen vermitteln können, bei denen du besser aufgehoben bist.

UM HILFE BITTEN

Manche tun sich schwer, um Hilfe zu bitten. In unserer partriarchalen Gesellschaft werden Männer aufs Starksein programmiert. Um Hilfe zu bitten scheint Ausdruck von Schwäche zu sein, dabei ist es genau das Gegenteil davon: Indem du um Hilfe bittest, zeigst du Stärke, weil du Verantwortung für dich und deine Situation übernimmst. Es nicht zu tun, obwohl du es nötig hast, ist schwach – und Teil des Teufelskreises, der dich blockiert und das Problem aufrechterhält.

WARUM REDEN SO WICHTIG IST

„Wenn du etwas wissen willst“, begann Heinrich von Kleist (1777 - 1811) seinen Essay *Über die allmähliche Verfertigung der Gedanken beim Reden*, „so rate ich dir, mein lieber, sinnreicher Freund, mit dem nächsten Bekannten [...] darüber zu sprechen. Es braucht nicht eben ein scharfdenkender Kopf zu sein, auch meine ich es nicht so, als ob du ihn darum befragen solltest: nein! Vielmehr sollst du es ihm selber erzählen, [...] ich will, dass du aus der verständigen Absicht sprechest, *dich* zu belehren ...“
Kleist behauptet – und das werden dir Schriftsteller und Künstler bestätigen –, dass sich die Dinge im Prozess, im Tun, während des Tuns, durch das Tun entwickeln. Indem du achtsam über deine Gefühle sprichst, werden sie ganz von selbst klarer. Das ist einer der Gründe, warum Gruppen, in denen sich die Teilnehmer untereinander austauschen, so gut funktionieren.

„HOMOSEXUELLE WERDEN NICHT IN DAS KÖNIGREICH GOTTES EINGEHEN, UND DAS IST GUT SO!“

Als seine Mutter beim Waschen die Visitenkarte vom Infoladen Knackpunkt fand, wollte Toby nicht mehr lügen. Dabei war er fest entschlossen gewesen, sein Geheimnis mit ins Grab zu nehmen, „ein guter Zeuge ist schließlich bereit, alles zu opfern." Statt seine Gefühle auszuleben, hatte er sich in die Arbeit geflüchtet und Rockmusik gehört. „Du brauchst nur die Richtige zu finden, und schon interessieren dich die Männer nicht mehr", hatte er sich eingeredet. Doch obwohl er zu lieben versuchte, scheiterte die Beziehung zu einer jungen Frau, weil er neben den Gesprächen über Astronomie keine Verbindung zu ihr aufbauen konnte.

Dann sollte der gebürtige Allgäuer beruflich nach Hannover. „Ich hatte Angst vor den damit verbundenen Möglichkeiten", sagt Toby. „Ich kannte mein Herz, auch wenn ich lange nicht darauf gehört hatte." In die Sprache der Zeugen übersetzt: „Der Teufel würde mich zu Fall bringen."

Sein erster Besuch in einer Schwulendiskothek kam Toby surreal vor. „Alle waren so schön. Mit 25 das Flirten zu entdecken, ist schon eigenartig." Bars, Cafés, „manchmal tigerte ich vor ihnen auf und ab, weil ich mich nicht hineinwagte." Und obwohl der Rockfan mit der Musik nichts anfangen konnte, obwohl ihm oberflächliche Menschen begegneten, lockte ihn die Neugier. „Nur man selbst weiß, was man will, und wonach man in seinem Innersten sucht."

Das erste Mal: „Ich war ganz ruhig und dennoch ängstlich. So unheilig ist Sex nicht." Aber der Glaube war fest, „er schrie aus mir heraus. Ich fing wieder an, mich selbst zu geißeln, fühlte mich schuldig, Gott gekränkt zu haben. Wäre ich nur niemals geboren worden." Toby wurde krank. In der Klinik bekam er das Buch *Veronika beschließt zu sterben*. Er sah die Blätter von den Bäumen fallen und dachte daran, was er alles verlieren würde: die warmherzigen Menschen seiner Gemeinde, das gemeinsame Singen, das positive Gottesbild. „Blatt für Blatt legte ich ab, was mich krank machte."

Erst outete er sich vor seinem Bruder. Der zitierte die Bibel und drohte: „Wenn du die Wahrheit verlässt, werde ich dich hassen, und Gott wird dich zu Recht vernichten." Blinde Panik, der Bruder wusste, dass er Toby verlieren würde, denn die Zeugen verbieten den Kontakt zu jenen, die sich von ihnen lossagen.

Toby, 25, war ein Zeuge Jehovas, Mitglied einer Glaubensgemeinde, in der Homosexualität tabu ist. Sich loszusagen, ist wie das eigene Todesurteil zu unterschreiben. Die Geschichte eines Todgeglaubten.

Dann die Visitenkarte. Und Toby war überrascht: „Sie sprach mit mir als Mutter und nicht als Vertreterin der Zeugen. Sie machte sich Sorgen." Er sprach mit ihr über Aids, über schwules Leben und tuntige Gebärden – so viel er eben darüber wusste. Den Vater wollten sie erst nach der Hochzeit der Schwester einweihen.

Ein Seminar im Waldschlösschen („Finde heraus, was du vom Leben willst") stärkte Tobys Wunsch, zu sein, wer er schon immer gewesen war. Als ihn der Bruder diesmal anrief, eskalierte das Gespräch. „Es ist generell schlecht, so etwas am Telefon oder per E-Mail zu regeln. Nichts geht über das persönliche Gespräch." Toby hätte gerne seinen Glauben behalten, aber es hätte ein Leben voller Heimlichkeiten bedeutet.

Der Bruder tat, was er tun musste: Er wendete sich an den Ältesten der Ortsgemeinde, und der zitierte den Vater zu einem Gespräch. „Auf diese Weise hätte es mein Vater nicht erfahren sollen."

Inzwischen kennt Toby andere schwule Zeugen. Sie treffen sich bei Gayromeo im Chat. Fühlen sich immer noch schuldig und sehnen sich zurück in die Gemeinschaft. Toby aber ist nun ausgetreten. „Ich werde mich nie wieder einer Religion anschließen, wo man das eigene Denken aufgeben muss. Nichts im Leben ist wichtiger, als sich im Innersten selbst lieben zu können und nicht hassen zu müssen."

www.Waldschlösschen.org
www.jehovaszeugen.de
www.Knackpunkt-Hannover.de

Übrigens: Eine Gruppe aufzusuchen oder eine Beratung in Anspruch zu nehmen, bedeutet kein Eingeständnis, dass du krank bist oder eine Therapie nötig hast. Im Gegenteil, in der Regel wird vorausgesetzt, dass du alle Saiten auf der Gitarre hast, in allen anderen Fällen wird man dir einen Therapeuten empfehlen.

Unterstützung in Gruppen

Eine weitere Stütze kann die Zuflucht zu einer Gruppe von Menschen sein, die verstanden hat, dass es im Leben nicht um die Erfüllung irgendwelcher Erwartung oder gesellschaftlicher Normen geht, sondern um die Entfaltung des eigenen Potenzials. Das ist nun ein weites Feld von Psycho- über Eso- und Spiri-Gruppen bis hin zu Glaubens- und Erfahrungsreligionen wie bestimmten Freikirchen und dem Buddhismus. Es gibt viele Möglichkeiten, aber es ist nötig, sie sich genau anzuschauen, bevor man sich dort öffnet bzw. tiefer einlässt, denn viele so genannte offene Menschen sind engstirniger, als man sich das vorstellen mag. Und vergiss nicht, dass zwischen der Lehre eines spirituellen Führers und der Umsetzung seiner Ideen immer die Menschen stehen, die seinen Glauben zu vertreten vorgeben. Diese Menschen sind selbst nie so erleuchtet wie der Meister selbst (s. Unterschied zwischen den Lehren Jesu und dem Druck, den manche Pfarrer auf ihre Gemeinde ausüben).

Der Buddhismus ist mir schon deswegen sympathisch, weil Buddha seine Nase nicht unter die Bettdecke der Menschen steckte. Er war vielmehr der Ansicht, dass Sexualität eine Ausdrucksform von Lebenskraft ist, mit der man Liebe weitergibt, ja sogar heilen kann. Wie diese Sexualität aussieht, ist dabei zweitrangig, solange du sie benutzt, um das Gute in dir und anderen Menschen zu fördern, niemanden missbrauchst und niemandem schadest.

AN WEN DU DICH WENDEN KANNST

- Beratungsstellen
- Schwule
- Aidshilfen
- Pro Familia
- Ärzte
- Coming-out-Gruppen
- Telefonseelsorgen
- Spirituelle Gruppen
- Therapeuten
- Großeltern
- Freunde
- Einschlägige Zeitschriften

Eckhard Tolle hat ein großartiges Buch geschrieben (*Jetzt*), das dir helfen kann. Um ihn herum haben sich eine Reihe von Gruppen gebildet. Ich könnte mir vorstellen, dass man auch dort Unterstützung findet.

Viele Jungs, ein Ziel: So zu leben, wie sie fühlen, ganz gleich zu welchem Geschlecht sich ihre Liebhaber rechnen.

KEIN COMING-OUT?

Warum Bert anonym bleiben will, erklärt sich im Text.

„MEIN LEBEN IST VERPFUSCHT“

„Man soll nie gegen seine homosexuelle Veranlagung kämpfen“, schreibt Bert Hoffmann im Vorwort zu seinem Buch*: „Man wird den Kampf immer verlieren.“ Es klingt dramatisch, überzeichnet, fast unglaubwürdig. Wie kann man so etwas erkennen und dann nicht danach handeln?

Mit fünf hatte Bert sein erstes sexuelles Erlebnis, mit einem Jungen aus der Nachbarschaft. Nicht nur Finger, sogar die Zungen kamen zum Einsatz. Die Mutter flippte aus. Als 12-Jähriger wurde er in der Schule von einem 15-Jährigen verführt. Unter der Schulbank. „Er wollte mit mir auf die Toilette, aber ich hatte wahnsinnige Angst.“ Später bereute Bert: „Wäre ich nur mitgegangen, vielleicht wäre mein Leben dann anders verlaufen.“

Bert ist 1937 geboren, „da gab es noch keine Filme über Schwule, nicht mal Bücher. Man nannte uns die 175er“ – wegen des Paragraphen, der Sex zwischen Männern verbot – „So einer wollte ich nie werden, ich wollte Kinder wie alle meine Freunde.“

Mit 24 lernte er seine Frau kennen, „eigentlich meine große Liebe“, sagt er. „Wir lebten drei Jahre zusammen, bevor wir heirateten; Sex gab's erst in der Hochzeitsnacht“, und trotz seiner Angst klappte der Sex ganz gut.

Er genügte ganze 25 Jahre lang – bis Martina in die Wechseljahre kam und sich ihm fortan verweigerte. „Da habe ich mir zum ersten Mal Pornos angeguckt. Im Nachspann sah ich eine Werbung für Homofilme." So musst du leben!, sagte er sich und kaufte unter großer Scham den ersten schwulen Pornofilm.

Mit 55 beichtete er alles seiner Frau; daraufhin trafen sie folgendes Abkommen: „Ich werde nie Kontakt mit Männern aufnehmen, dafür verlässt du mich nicht." Das funktionierte, bis Bert einen Internetanschluss bekam und mitkriegte, dass die schwule Welt nicht nur aus Sexfilmen bestand. Die ersten Schmerzsymptome stellten sich ein, er nahm Tabletten, begann die erste von vier Psychotherapien. Ihm wurde klar, dass er nun nicht mehr länger mit der Lüge leben konnte, „aber was sollte ich tun? Ich habe ein Eheversprechen abgegeben, das konnte ich nicht brechen."

Er wurde arbeitsunfähig, ging in Frührente. Erst zehn Jahre später, während einer Kur half eine Therapeutin, eine Kontaktanzeige zu schalten. 20 Kandidaten meldeten sich, fünf traf er, in einen 40-Jährigen verliebte er sich. „Sex mit Männern ist so schön, viel schöner als mit einer Frau." Sie bauten eine Freundschaft auf. Bert besuchte ihn viermal. „Schon auf der Rückreise setzten meine Schmerzen wieder ein", weil er an seine traurige Frau dachte. „Sie wurde krank, magerte ab, ich fühlte mich schuldig."

Bert Hoffmann weiß seit seiner Jugend, dass er schwul ist. Geheiratet hat er trotzdem. Und Kinder gezeugt. Therapien und Tabletten halfen nicht, seine Sehnsucht zu töten, obwohl er sich das wünscht. Glücklich zu werden, davon träumt er. Seine Chancen ... ?

Zwei Jahre später stellte sie ihn vor die Wahl: Entweder ich oder er. Bert setzte der fernen Liebe ein Ende. Das hielt wenige Tage, denn die Sehnsucht war unglaublich stark. Nun telefonieren sie heimlich. Fast täglich. „Ob ich ihn je wiedersehe, weiß ich nicht. Ich kann ja nicht aus dem Haus. Meine Frau kontrolliert mich. Ich muss alles wegschließen."

Kopfschmerzen, Rückenschmerzen, Nackenschmerzen – inzwischen ist Bert tablettensüchtig und muss eine Entziehungskur machen. Schon mehrmals wollte er sich das Leben nehmen. Seine Mutter hat das auch getan.

Das Buch hat er seiner Frau gewidmet und sich darin für ihr „liebevolles Verständnis" bedankt. Ist das Liebe, zuzusehen, wie der Lebensgefährte vor die Hunde geht? „Manchmal bin ich richtig sauer", sagt er, fügt dann aber schnell hinzu, „aber ich will die Ehe nicht zerstören. Wir sind 42 Jahre verheiratet", gefolgt von einer Reihe von Vorurteilen über Homosexuelle: Sie wären zu keinen dauerhaften Beziehungen fähig, es widerte ihn an, wie viele von ihnen leben. Schon allein der CSD.

Also alles auf den Kopf stellen für ein schwules Leben? „Ich bin 69. Was habe ich denn noch für eine Perspektive?"

* *Ich bin schwul – outen oder weiterleben wie bisher? (Fischer & Fischer Medien, Frankfurt, 2004)*

DU SOLLTEST UNBEDINGT HILFE IN ANSPRUCH NEHMEN, WENN ...

- du Angst vor dem Coming-out hast.
- dein Lebensmut abnimmt.
- du dich schlecht fühlst, der zu sein, der du bist.
- du aufgrund deiner „Andersartigkeit" Schuldgefühle hast.
- du in einem Umfeld lebst, das dir nicht erlaubt, so zu sein, wie du bist.
- du Enttäuschungen erlebt hast, mit denen du nicht fertig wirst.
- du dir nicht sicher bist, wie Safer Sex funktioniert.
- dir Sexualität im Allgemeinen Angst macht.
- du dich vor Sex ekelst.
- du Sex als unmoralisch oder schlecht betrachtest.
- du dich gezwungen fühlst, anders sein zu müssen als du bist.

Gruppen haben sich auch im Umfeld der amerikanischen Psychologin Anne Wilson-Shaef gebildet, die mit ihrem Buch *Leben im Prozess* einen Meilenstein im Verständnis von Spiritualität und Alltag gesetzt hat. Sie vertritt die Ansicht, dass unser Unglück daher rührt, dass wir uns vom Lebensfluss (Prozess) entfernt haben, dass wir vergessen bzw. verdrängt haben, dass alles im Leben ständig in Veränderung ist, und nur diese Veränderung lebendig ist.

UNTERSTÜTZUNG HOLEN (ZUSAMMENFASSUNG)

Unterstützung ist gut, Unterstützung ist wichtig. Da Anderssexualität in der heutigen Zeit nicht mehr verboten, ja teilweise sogar gesellschaftsfähig geworden ist, finden sich viele Anlaufstellen, in denen man auf offene Ohren und Herzen stößt. Nutze die Möglichkeiten! Und sobald du dich stark genug fühlst, sei anderen eine Stütze. Das wird dich schneller wachsen und dich entwickeln lassen, als wenn du dich nur auf dich und dein kleines Leben konzentrierst.

Wenn einem alles über den Kopf wächst, ist Verkriechen ein natürlicher Impuls. Nur selten bringt er einen voran. Alternative: Unterstützung suchen.

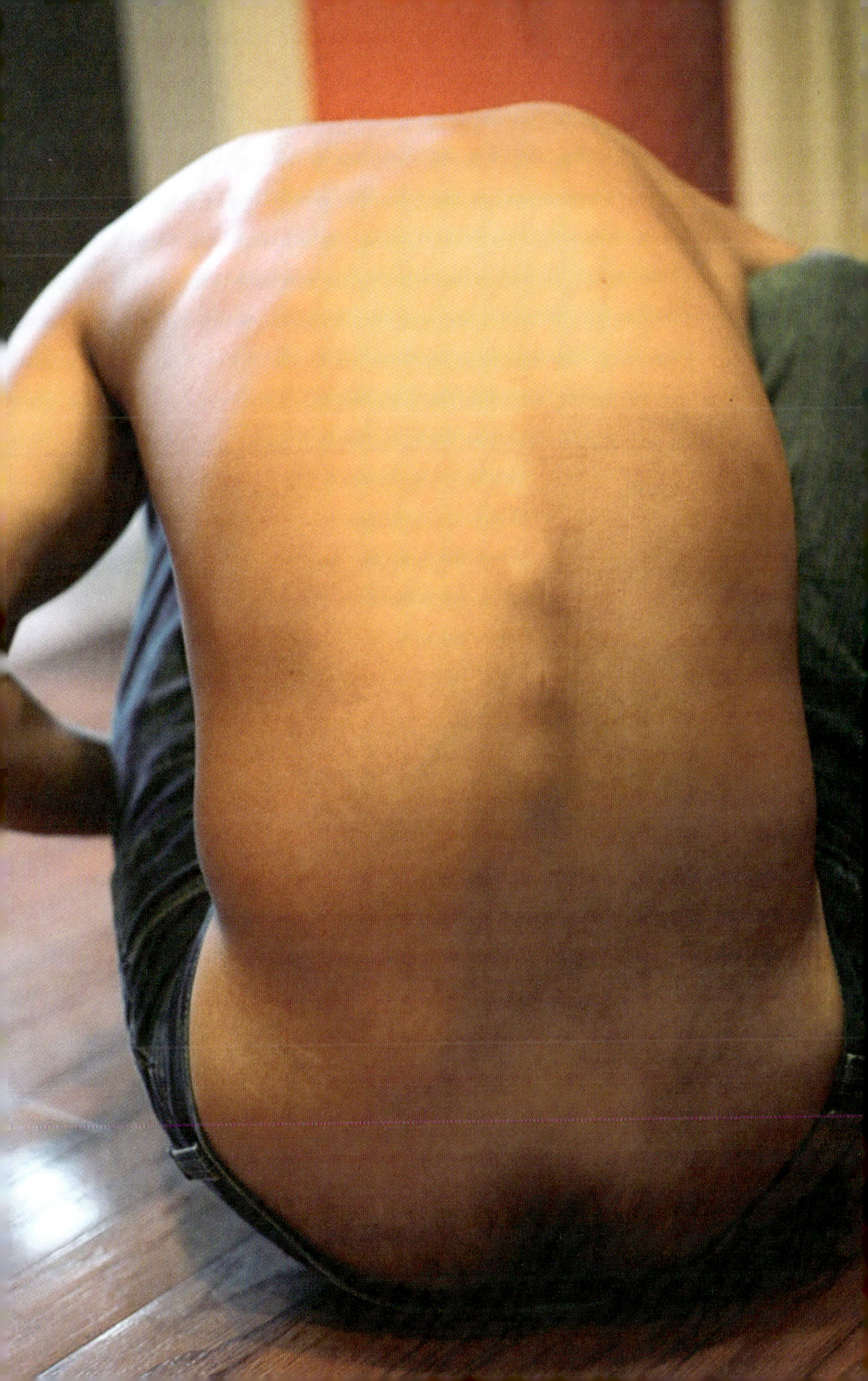

SCHRITT FÜR SCHRITT ZUR INNEREN WAHRHEIT

Natürlich brauchst du etwas Zeit und Ruhe, also Handys, Telefone und wenn möglich die Klingel abschalten. Sorge dafür, dass du ungestört bleibst.

Schritt 1. Stelle dich auf das Problem oder deine Frage ein, bleibe dabei jedoch innerlich auf Abstand dazu, als würde dir ein Bekannter davon erzählen.

Schritt 2. Lenke deine Aufmerksamkeit in deinen Brust- und Bauchraum und warte geduldig auf eine „körperliche Resonanz" zu diesem Thema (Felt Sense), also auf Empfindungen oder Bilder.

Schritt 3. Finde nun einen Begriff oder eine kurze Beschreibung für dieses vielleicht noch etwas diffuse Körpersignal – ohne dich anzustrengen. Lasse den Begriff einfach kommen.

Schritt 4. Bringe nun diesen Begriff mit der Körperempfindung zusammen und nimm eventuell Feinjustierungen vor.

Schritt 5. Frage dich nun, was dieser Felt Sense braucht, um sich wohler zu fühlen oder mit dem Thema klarzukommen.

Schritt 6. Reichere deine Antwort nun so gut wie möglich an. Nimm dir auch dafür richtig Zeit, um das positive Gefühl in deinem Körper und in allen Sinnen zu verankern, damit du es gegen evtl. später aufkommende „Kritikerstimmen" in deinem Inneren schützen kannst.

Deine Einstellung während dieses Prozesses sollte „neugierig" sein, „offen", „dir selbst und deinem Körper gegenüber wohlgesonnen". Sei aufmerksam und folge dem, was geschehen will.

Beispiel

Damit das Ganze nicht nur trockene Theorie bleibt, denke ich mir ein Beispiel aus: Du bist verheiratet, hast dir nach Jahren heimlicher Klappenbesuche endlich eingestanden, dass du schwul bist, schätzt aber das Leben mit deiner Frau und euren gemeinsamen Kindern. Mit Männern hattest du bisher nur Sex, Gefühle hast du aber nicht zugelassen.

Im Schritt 1 führst du dir die Situation vor Augen, betrachtest dich wie einen liebenswerten Bekannten, der in dieser Situation steckt: verheiratet, Frau, Kinder, Haus, Auto, Spülmaschine, das ganze Programm. Die Frage: Soll er ausziehen, um frei zu sein, um sich selbst entdecken zu können – und damit eine vertraute Welt aufgeben für eine, die er noch nicht kennt? Von der er nicht mal weiß, ob sie ihn glücklich machen wird?

Während du all die Elemente in dir aufrufst und lebendig hältst, stellt sich ein dunkles Gefühl in deiner Brust ein (Schritt 2). Bei näherer Betrachtung ist es schwer, hat die Farbe von feuchter Erde, ja, es ist sogar ein wenig feucht.

Je spürbarer dieses Gefühl wird, desto mehr entpuppt es sich als etwas Wehmütiges, ja vielleicht sogar Trauriges. Traurig ist der Begriff, den du findest (Schritt 3). Und während dir das klar wird, spürst du Tränen in deine Augen steigen.

Nun lenkst du deine Aufmerksamkeit wieder auf das erste Gefühl in deinem Körper und merkst, dass dieses Körperempfinden

keine bodenlose oder grundlose Traurigkeit ist, sondern etwas Wehmütiges und Warmes hat, dass auf gewisse Art sogar etwas Schönes in ihr steckt, als warte ein Keim darin, aufzublühen (Schritt 4). Und während du die anfängliche Problemstellung mit dem Körpergefühl und den gefundenen Begriffen in Deckung zu bringen versuchst, taucht das Wort „Abschied" auf. Dir schießt der Gedanke in den Kopf, dass du deine Frau verlassen sollst. Den nimmst du wahr, ohne ihn zu verfolgen, ohne ihn zu unterdrücken, ohne Beschlüsse zu fassen, und richtest deine Aufmerksamkeit wieder auf dein Körpergefühl, auf die Begriffe, auf den Felt Sense. (Lass dich von Gedanken und deinem inneren Kritiker nicht ablenken!) Frage dich nun (Schritt 5), was dieser „Abschied" braucht, um sich wohler zu fühlen, und es taucht „Loslassen" auf. Mit dem Wort spürst du Erleichterung und dir wird klar, dass du die ursprüngliche Fragestellung loslassen musst, dass die Zeit für eine Entscheidung deinerseits noch nicht reif ist ...
Wie gesagt, das ist ein willkürlich gewählter Prozessverlauf. Ich hätte „dich" ebenso gut erkennen lassen können, dass du dich mit deiner Frau arrangieren musst: mit ihr leben und ab und zu Sex mit Männern haben (solche Arrangements gibt es zur Genüge), oder eben auszuziehen und ein neues Leben anzufangen.

Das Schöne an dieser Technik ist, dass sie dir in Fleisch und Blut übergeht. Je öfter du sie anwendest, desto schneller wird sie greifen. Und bald wird es – zumindest bei einfacheren Entscheidungsprozessen – nicht mehr nötig sein, den ganzen Aufwand zu betreiben, weil du mit deiner Wahrnehmung automatisch viel mehr in deinem Körper sein wirst, der dich bei der Lösungsfindung leiten wird.

Hilfreich auch später

Diese Technik wird dir nicht nur in der Phase des Coming-outs hilfreich sein, sondern auch später. Ein Beispiel: Ein Freund erzählte mir, dass er jahrelang immer wieder die Fantasie hegte, sich in einem Darkroom in einen Sling zu legen und vögeln zu lassen, während Kerle rund um ihn herum onanieren und schließlich auf ihm abspritzen. Als er sich nach Jahren endlich wagte, die Fantasie einmal auszuleben, verstand er, warum er es so lange nicht ausprobiert hatte: Sein Erleben im Darkroom blieb hinter seinem Erleben in der Fantasie weit zurück.

Gerade bei den härteren Spielformen des Sex besteht oft eine große Kluft zwischen der Fantasie und dem tatsächlichen Erleben. Das wirst du auch merken, wenn du irgendwann mal versuchst, Sexdates übers Internet auszuhandeln. Selbst wenn Fotos und Informationen nicht gelogen sind, selbst wenn er beim Treffen genauso freundlich und nett ist wie im Chat, ist noch lange nicht sicher, dass du ihn so erotisch finden wirst wie auf dem Bildschirm.

Jetzt verstehst du auch, warum ich weiter oben geschrieben habe, dass Bücherlesen hilfreich ist, nichts aber über das direkte Erleben geht.

Identifizieren

Natürlich musst du mit all den inneren und äußeren Informationen irgendwann einmal etwas anfangen. Weiter oben habe ich deine Psyche mit einer Festplatte verglichen; man kann sie mit allerlei Informationen voll stopfen, die Bedeutung muss man den Informationen jedoch selbst geben.

Nicht klar? Nehmen wir ein undefiniertes Drücken und Zwicken im Magen. Babys wissen noch nicht, was das ist, und schreien daher in Regel einfach ein bisschen rum. Im Laufe der Monate stellen sie die Verbindung zwischen „Zwicken – Essen – Zwicken hört auf" her. Die Bedeutung für das Zwicken – das lernen sie erst später – lautet: „Hunger".

Wenn du noch ganz am Anfang des Coming-outs stehst, also noch gar nicht genau weißt, was eigentlich mit dir los ist („Bin ich schwul? Oder doch eher bi? Oder war das Wichsen mit dem Freund nur vorpubertäres Ausprobieren?"), musst du deinen Gefühlen Bedeutung geben.

Das klingt nun spektakulärer als es ist. Du liest Zeitung oder siehst Nachrichten und schüttelst den Kopf, freust dich oder glühst vor Wut. Bedeutung misst man den Dingen ganz automatisch bei.

In deiner momentanen Situation willst du diesen Automatismus jedoch umgehen, weil du sonst Gefahr läufst, nur wieder deine Vorurteile zu bedienen. Beim Umgehen hilft dir der Felt Sense.

Felt sense

Dieser Begriff stammt aus dem Focusing, einer klientenzentrierten Psychotherapie, die in den 60er Jahren entwickelt wurde. Felt sense heißt so etwas wie „gefühlter Sinn" und bedeutet, dass du für deine Themen (Fragen, Probleme, Ängste, etc.) in deinem Körper nach einer Resonanz suchst, dass du zwischen Körperempfindungen und Themen hin- und herspringst, bis sie übereinstimmen, und du die innere Bedeutung verstehst, die eben nicht durch den Kopf (mitsamt seiner Programmierung) gesteuert ist.

Übrigens: Keine Angst vor dem Felt Sense, er hat mit Psychotherapie wenig zu tun. Focusing hat längst Einzug gehalten in Managercoachings, Supervision von Ärzten und die Perspektivenentwicklung von Großunternehmen. Der Erfinder, Eugene Gendlin (Professor für Philosophie und Psychologie an der Universität Chicago, Jahrgang 1928), hat seinen Ansatz inzwischen weiterentwickelt: TAE, *Thinking at the Edge* (zu deutsch etwa: „Denken am Rande des Bewusstseins" oder „Denken, wo Worte noch fehlen") heißt das Ding.

Diese Methode hilft, Schritt für Schritt von einem vagen Gefühl zu logisch-formalen Strukturen zu gelangen (www.focusing.org/tae-intro.html, leider nur auf Englisch).
Eine andere Möglichkeit, deine Gefühle zu verstehen ist, dich den Geschichten anderer auszusetzen, z.B. in Gruppen. Wenn Menschen über sich und ihre Erfahrungen, auch über Sorgen oder Nöte sprechen – wie ich weiter oben mit dem Zitat von Kleist erklärt habe –, können andere sich selbst erfahren. Also: Gleichgesinnte finden, zusammensetzen, einen warmen Tee einschenken, und jeder spricht von sich selbst und seinen Gefühlen. Das wirkt Wunder.
Und natürlich erlangen Erfahrungen durch den Faktor Zeit Bedeutung. Je weniger man den Prozess forciert, je länger man abwarten kann, desto mehr wird sich Bedeutung ganz von selbst einstellen.

IDENTIFIZIEREN (ZUSAMMENFASSUNG)

Bringe Aufmerksamkeit in dein Handeln, beobachte dich, deine Gefühle und deine Erfahrungen mit möglichst viel Abstand, und die Bedeutung wird sich ganz von selbst einstellen. Wenn du den Prozess fördern willst, arbeite mit dem Felt Sense.

Annehmen

Die letzte Komponente, sozusagen das Bindemittel für die Zutaten zum Fundament für dein neues Leben (um im Bild zu bleiben), ist das Annehmen deiner Gefühle. Erkennen und verstehen hilft wenig, wenn du dich gegen die veränderten Bedingungen oder gegen deine gewonnenen Erkenntnisse wehrst (s. das Beispiel von Bert, S. 94f); es ist schlichtweg selbstmörderisch, ähnlich dem Raucher, der vom Arzt erklärt bekommt, dass seine Herzkranzgefäße bereits dicht sind, aber dennoch weiterqualmt.
„Ja, aber wie macht man das?“, fragst du jetzt vermutlich, „wie kann ich etwas annehmen, das mir schwer fällt?“
Wie so vieles im Leben geht das im Grunde ganz einfach: Du musst es nur tun. Die Situation erkennen und bejahen, dich einverstanden erklären damit, auch wenn es dir nicht in den Kram passt. Alles andere ist Zeit-, Energie- und vielleicht sogar Lebensverschwendung.

COMING OUT 2002
MOM?
HIER!
ICH MUSS DIR WAS SAGEN...
SCHIESS LOS!
ICH GLAUB, ICH BIN HOMOSEXUELL.
O MEIN GOTT! WAS MACHEN WIR DENN JETZT ?! PSYCHOTHERAPIE! ELEKTROSCHOCKS! ZUR BUNDESWEHR!!!
...LASS DAS BLOSS NICHT DEINEN VATER HÖREN! DER HAUT DICH WINDELWEICH UND MICH DANACH AUCH NOCH!!!
?!
HAHAHA WAR NUR'N SCHERZ!
WIE SOLL ICH DENN JETZT REAGIEREN? IST DOCH VÖLLIG OKAY! SCHNAPP DIR 'N NETTEN JUNGEN UND HAB SPASS!

WIR HABEN SO VIELE FERNSEH-SENDUNGEN DARÜBER GESEHEN... VOR ALLEM, WENN IHR EUCH IN DEN HINTERN POPPT: NUR MIT GUMMI!!!
WAS IST LOS?
ER IST SCHWUL! DAS THEMA WAR DOCH NEULICH NOCH BEI ARABELLA!
UND WO IST DAS PROBLEM?
IST DOCH PRIMA! SCHWULE HABEN DEFINITIV MEHR SPASS IM LEBEN!
GENAU. SIE HABEN IN DER REGEL MEHR GELD IN DER TASCHE WEIL SIE KEINE FAMILIEN ERNÄHREN, SIE FEIERN DIE BESSEREN PARTYS UND SIE HABEN VOR ALLEM ÖFTER UND UNKOMPLIZIERTER SEX ALS HETEROS.
SAGTEN SIE LETZTE WOCHE BEI OLIVER GEISSEN.
DU MUSST ALLERDINGS DEINE INDIVIDUALITÄT EIN STÜCK WEIT AN DEN NAGEL HÄNGEN.
MACHT JA NICHTS.

ALS HOMOSEXUELLER MUSST DU DICH DER GAY-COMMUNITY SCHON ETWAS ANPASSEN! DU HAST HÜFTSPECK UND SCHMALE SCHULTERN, DAS IST GAR NICHT GUT! DU MUSST SPORTLICH WERDEN!
GENAU. RICHTIG MUSKELTRAINING! UND DIE BRILLE MUSS WEG UND DEINE HAARE SIND DEFINITIV ZU LANG!
AM BESTEN GLATZE!
UND DU HÖRST DIE FALSCHE MUSIK! SCHWULE HÖREN IN DEN KNEIPEN MONOTONEN BUFFTA BUFFTA UND NICHT DEINEN INDEPENDENT-KRACH!
WEG MIT RADIOHEAD, HOL DIR CD'S VON KYLIE MINOGUE UND ROSENSTOLZ!

EINE TÄTOWIERUNG AUF DEM OBERARM WÄRE GUT! SO'N ALTES KELTISCHES ORNAMENT, DAS IST IMMER WIEDER ORIGINELL!
UND PIERCINGS! GANZ WICHTIG! LASS DIR DIE BRUSTWARZEN PIERCEN!
...WAR GESTERN NOCH EIN BERICHT AUF SAT 1
ÄHM... ICH WILL JA NUN NICHT FRAGEN, WIE GROSS DEIN PENIS IST, ABER...
NA, DAS GEHT UNS NUN ABER NICHTS AN.
KLAR. BEI BÄRBEL SCHÄFER SAGTE ABER NEULICH NOCH EINER, SCHWULE FÄNDEN GROSSE PENISSE GUT.
KLAUS, ES GEHT UNS NICHTS AN!
...VIELLEICHT KÖNNTE MAN DA OPERATIV WAS MACHEN...
...WIE DER BEI RTL LETZTEN MONAT...

WILLST DU DENN EHER EIN LEDER/MILITARY-SCHWULER WERDEN WIE DER TYP BEI VERA AM MITTAG ODER EIN JEANSBOY?
NA FÜR JEANSBOY IST ER DOCH NOCH EIN BISSCHEN JUNG. DIE FANGEN DOCH ERST BEI 40 AN...

ACH JA: ÄLTER WERDEN IST WOHL NICHT SO BELIEBT. DA PASS EIN BISSCHEN AUF. ANSONSTEN IST DAS LEBEN IN DER GAY-SZENE TOLL! DIESE LEUTE SIND SEHR OFFEN UND KOMMU-NIKATIV!
WENN DU HEUTE MIT JEMANDEM INS BETT STEIGST, WEISS ES ÜBERMORGEN DIE HALBE STADT!

PASS AUF MIT DEM POPPERS! DAS SOLL JA AUFS GEHIRN GEHEN UND DU MUSST DIE SCHULE NOCH ZU ENDE BRINGEN.
UND WENN DU DICH IN BADEWANNEN LEGST UND VOLLPINKELN LÄSST...
THEMA POPPERS WAR LETZTE WOCHE BEI HANS MEISER...

aus: Ralf König: Suck my Duck (Männerschwarmskript, 2004)

WIE KANN MAN ETWAS AKZEPTIEREN, DAS MAN NICHT WILL?

Nehmen wir als Beispiel, dass du dich infiziert hast, weil das eine Sache ist, auf die keiner Bock hat. Der ganze Film läuft in dir ab: Warum muss das mir passieren? Der und der ist schuld, der hat mich angesteckt! Hätte ich doch nur kein Sperma geschluckt. Wie soll ich jetzt damit leben? Wenn das meine Eltern erfahren ...
Nun kommt der Trick: Beobachte dich. Als würdest du dich von außen betrachten. „So reagiere ich also, ist ja interessant." Sieh, wie du in diesem Morast aus Trauer, Verzweiflung, Wut und Schuldzuweisungen um dich schlägst, und bringe dir selbst Mitgefühl entgegen. Ein Gefühl, wie man es einem Kind entgegenbringt, dem gerade etwas zerbrochen ist, und das kurz davor ist, in Tränen auszubrechen.
Mitgefühl, nicht Mitleid. Leiden bringt nichts voran. Wenn du willst, kannst du dich in Gedanken umarmen und halten. Und mit diesem Gefühl tue nun alles, was notwendig ist: zum Arzt gehen, Bluttests machen, um festzustellen, ob bereits eine medikamentöse Therapie vonnöten ist, Ernährung und Lebensweise auf die chronische Krankheit umstellen etc.
Also: Wehre dich nicht gegen dein Aufbegehren und Hadern. Lasse es da sein, aber tauche nicht darin ein, unterdrücke es nicht, rede es auch nicht schön oder schwelge im Leid. Nimm die Dinge einfach nur wahr, wie sie sind.

Demut ...
... fällt mir in diesem Zusammenhang ein, und ich muss an den Film *Sieben Jahre in Tibet* denken, in dem der Dalai Lama in Anbetracht des gewaltsamen Einmarsches der Chinesen in Tibet den aufgeregten österreichischen Bergsteiger Heinrich Harrer beruhigt: „Wenn ein Problem gelöst werden kann, ist es sinnlos, sich darüber Gedanken darüber zu machen. Wenn es nicht gelöst werden kann, sind Gedanken auch nicht gut."

ANNEHMEN (ZUSAMMENFASSUNG)

Je mehr du deine Gefühle und damit dich selbst annehmen kannst, desto mehr wirst du spüren und wahrnehmen, desto einfacher wird es, die Bedeutung deiner Gefühle zu verstehen, dich selbst zu verstehen und desto einfacher wirst du dich in der veränderten Form annehmen können – der Kreis schließt sich, der Boden unter deinen Füßen wird zunehmend stabiler, du beginnst, dich selbst in der Veränderung anzunehmen. Die Basis ist geschaffen, diese Veränderung umzusetzen, sie zu leben, sie leben zu lassen. Jetzt stellt sich nur noch die Frage, wie sehr du die Menschen in deiner Umgebung daran teilhaben lassen willst?

Nicht die Bedürfnisse der anderen, sondern dein eigenes Bedürfnis wird dich weiterbringen.

„MANCHMAL MÖCHTE ICH EINFACH NUR DURCHRUTSCHEN“

Als sich Ben zum ersten Mal richtig in eine Frau verliebte, glaubte er, lesbisch zu sein. Das war während eines Schüleraustauschs in Amerika. Da die Gasteltern damit nicht umgehen konnten, holte sich die damals 16-Jährige Hilfe per Telefon aus Kiel – vom Vater. Der ist schwul und richtig glücklich, ein homosexuelles Kind zu haben. Aber der Sex mit Frauen war nicht befriedigender, als der mit den Männern davor.

Dann tourte Leslie Feinberg durch Deutschland, die amerikanische Transgender-Aktivistin stellte ihren Roman vor* und trat damit eine Welle los. Plötzlich wollten einige Lesben in Bens Umgebung mit männlichen Namen angesprochen werden, und die Frage tauchte auf: Dürfen Transen in Frauenräume?

Mit 19 lernte sie dann Martin kennen, einen schwulen Mann. „Der Sex war unglaublich aufregend und total schwul. Das hat mich völlig verwirrt.“ Gibt es das überhaupt? Ein Transboy, der mit einem biologischen Schwulen Sex hat? Sie telefonierten herum und erfuhren, dass man in Kanada von so was schon mal gehört hatte. Im Café fatal, einer Berliner Partyinstitution, fand Ben dann ein neues Zuhause. „In Berlin gibt es viele, die mit dem Trans-Thema etwas anfangen können.“

„Ich sehe dich nicht als Mann", solche und ähnlich Kommentare musste Ben sich von einigen lesbischen Freundinnen anhören. Sein Freundeskreis sortierte sich wieder einmal neu. „Ein paar verliert man immer."

„Was heißt das, dass du dich männlicher fühlst, als dein weiblicher Vorname hergibt?" Dieses Coming-out verwirrte den schwulen Vater dann doch. Obwohl er sich sehr bemühte, sein Kind zu verstehen, gingen Ben die Fragen manchmal auf die Nerven, denn die Klarheit, die viele brauchen, kann Ben nicht geben. „Ich fühle mich so gut wie nie, und das hat damit zu tun, dass ich weder Mann noch Frau bin. Punkt."

Erst glaubte Ben, lesbisch zu sein. Dann hatte sie Sex mit einem Schwulen und entdeckte „die ganze Welt dazwischen". Ein Coming-out zwischen vielen Geschlechtern.

Viele Menschen ziehen ihre Seelenruhe aus der Eindeutigkeit ihres Geschlechts. Dann werden sie mit Ben konfrontiert: geboren als Frau, als schwuler Mann lebend, auf der Bühne einen Dragking mimend, der dann gerne mal ein Dirndl anzieht und Mädchen spielt. Das löst bei einigen sogar Aggressionen aus.

Am schlimmsten sind Bewerbungen, „weil ich keine Papiere habe, die zu meinem Rufnamen passen", sagt der heute 25-Jährige. „Soll ich dann Frau spielen oder mich als Transe outen, womit ich mich gleich ins Aus kicke?"

In der Berufsschule nahm Ben den Weg dazwischen: „Ich habe den Lehrern gesagt, dass ich mit Ben angesprochen werden will." Nun ist er für die einen Herr Ben, für andere Frau Ben. „Manche halten das für einen Verwaltungsfehler." Für seine Mitschüler war er erst „die butche Lesbe, die 'nen Namenfilm laufen hat. Bis ich ihnen von meinem Freund erzählt habe." Fragen traut sich keiner. Das ist toll und seltsam zugleich. „Ich bin nur froh, dass wir keinen Sportunterricht haben, sonst wüsste ich nicht, in welcher Umkleide ich mich umziehen soll."

Selbst in der Szene ist es manchmal schwierig. Manche Lesben gucken schief, weil Ben als Mann wahrgenommen werden will. Manche Schwulen lassen ihn nicht rein, weil ihm der Schwanz fehlt. Und manche Transen können nicht verstehen, dass er keine Hormone nehmen und sich nicht operieren lassen will. Viele wollen, dass er wieder etwas wird, das sie verstehen. Gut, dass er sich einen Freundeskreis aufgebaut hat, in dem Ben einfach nur Ben sein kann.

Leslie Feinberg: Träume in den erwachenden Morgen
(Krug & Schadenberg 2003)

DAS ÄUSSERE COMING-OUT

Aus den oben genannten Zutaten bildet sich ganz von selbst eine Basis, auf der man sein Coming-out leben kann. Dem einen reicht eine trittfeste Decke, andere brauchen ein meterdickes Fundament. Warte, bis du dich sicher genug fühlst, um die ersten Gehversuche zu unternehmen.

„Wie sag ich's ...?"

Nicht so eilig. Bevor wir diese Frage beantworten, solltest du die fünf anderen großen W's beantwortet haben:

1. Wem willst du dich überhaupt anvertrauen?
2. Wo machst du das am besten?
3. Wann ist der richtige Zeitpunkt dafür gekommen?
4. Was sagst du (mit welchen Worten)?
5. Und warum eigentlich?

„Wem soll ich mich anvertrauen?"

Der beste Freund ist nicht immer zugleich der beste Vertraute, die Eltern nicht unbedingt die letzten Ansprechpartner in Sachen Homosexualität. Für Ralph (S. 76f) waren die Eltern die ersten (nach seinem Lebensgefährten, denn der war ja am meisten von der Nachricht betroffen), denen er von seiner HIV-Infektion erzählte, Gerhard (S. 114f) hat es seinen Eltern nie erzählt und fühlt sich ihnen trotzdem nah. Für Ben war der schwule Vater gar ein Ratgeber und eine große Stütze in Sachen Coming-out, die Eltern (S. 142f) ihrem Sohn anfänglich eher eine Bürde.

Irgendwann kommt der Tag, an dem die Last zu schwer wird. Dann ist es an der Zeit für das Coming-out im Außen.

„SEX NUR ZUR MESSE“

Dass sich beim Anblick von Männern andere Gefühle regen als beim Anblick von Mädchen, spürte Gerhard mit neun. Der Sportlehrer trug einen Vollbart, war zum Greifen nah und blieb dennoch unerreichbar. In einem Dorf mit 84 Einwohnern findet man so schnell keinen, mit dem man über „so was“ reden kann, erinnert sich der heute 40-jährige Gerhard, und Bücher gab es nicht, zumindest nicht im Laden. „Homosexualität war im Osten ja kein Thema. So wenig wie Behinderte. Bei uns musste immer alles glänzen.“

Auch der Sexualkundeunterricht half ihm nicht weiter. In der Achten stand die Lehrerin steif vor der Klasse, Gerhard sieht es noch wie heute, und las zwei Zeilen zum Thema vor. Fragen waren nicht erwünscht. Trotzdem wurde ihm klar, dass er anders tickt, und fand, was nicht so leicht zu finden war: Bars, in denen sich nur Männer treffen. In Leipzig. 18 km entfernt, in einer anderen Welt. „Ich bin auf Drinks eingeladen worden, habe mich unterhalten, bin aber nie mitgegangen.“

Mit 18, auf dem Weg ins Ausland, fand Gerhard dann seine Heimat: Am Berliner Ostbahnhof sprach ihn jemand an. „Da bin ich mit. War ja Osten, musste man keine Angst haben." Kriminalität gab's nur im Westen – glaubte man. „Es war ein wunderbares Erlebnis." Von da an hatte er dann regelmäßig Sex – zweimal im Jahr: zur Frühjahrs- und zur Herbstmesse in Leipzig. „Da war was los in der Stadt."

In seinem Beruf als Zimmermann war Schwulsein kein Problem. In der DDR haben zwar alle schnell geheiratet und Kinder gekriegt, um einen Anspruch auf eine größere Wohnung zu erwerben, aber seine Freunde gehörten zur langsamen Truppe, „von denen fragte nie einer". Hat ihn trotzdem mal ein Mädchen angemacht, scheute sich Gerhard nicht zu flirten. Irgendwann verabschiedete er sich dann freundlich und kam daher nicht in Schwierigkeiten.

Aufgewachsen in einem Dorf hatte Gerhard von Homosexualität nichts gehört. Aber gespürt. Über ein Coming-out 18 km außerhalb einer Großstadt, Lichtjahre von einer Szene entfernt, in einem Land, in dem es keine Homosexualität gab – zumindest nicht offiziell: in der DDR.

Den Eltern hat er es nie erzählt, „zuhause wird darüber nicht gesprochen." Sie wissen trotzdem Bescheid, glaubt Gerhard, „Mütter wissen es doch eh immer. Das ist bei allen so". Die große Schwester hat ihn letztes Jahr darauf angesprochen, mit ihr kann er offen reden. „Von den anderen hat keiner den Arsch in der Hose zu fragen." Wenn es dann doch mal geschehen sollte, „würde ich ihnen die Wahrheit sagen".

Anfangs war die mangelnde Offenheit schwierig. „Sie fragten, was ich gemacht habe und mit wem. Man muss ein guter Lügner sein, wenn man die Geschichten nicht durcheinander bringen will." Inzwischen geht er gelassener damit um. Er bringt sogar den Freund mit nach Hause, und wenn Gerhard eines Tages mit ihm zusammenziehen wird, kriegen die Eltern die neue Adresse. Fertig.

„Natürlich wäre es manchmal einfacher, wenn sie es wüssten", sagt er, „aber ein Problem ist das nicht". Probleme hat einer seiner Bekannten: verheiratet, Haus, Zwillinge, die Frau dreht durch. „Da hab ich es doch einfach."

Richtig schwul leben kann Gerhard erst seit 1989. Damals, kurz vor der Wende hat er noch „rübergemacht". Ein unglaubliches Abenteuer, denn danach gab es kein Zurück – er wusste ja nicht, was ihn im Westen erwarten würde. Hinter der Grenze spürte er seine Lungen, weil er zum ersten Mal durchatmen konnte. „Richtig aufrecht ging ich erst im Westen."

Wenn du dir nicht sicher bist, welchem deiner Freunde oder Verwandten du vertrauen kannst, würde ich dir empfehlen, erstmal mit Menschen darüber zu sprechen, die mit dir als Person nichts zu tun haben, die aber selbst betroffen sind (Schwule, Transsexuelle, HIV-Positive), damit du dich im Gefühle-Ausdrücken üben und die Angst, darüber zu sprechen, abbauen kannst.

Coming-out mit Folgen

Vermutlich ist es am sinnvollsten, als erstes jene Menschen einzuweihen, denen man sich am nächsten fühlt, der Gatte seiner Angetrauten oder der Bisexuelle seinem Freund. Aber gerade das kann am schwersten sein. Den Lebensgefährten, mit dem man monatelang ungeschützten Sex praktizierte, über das positive HIV-Test-Ergebnis zu informieren, zählt sicher nicht zu den leichtesten Aufgaben, ebenso wenig den eigenen Kindern beizubringen, dass ihr Papa bald 'ne Mami sein wird. Und dennoch sind die, die dir am nächsten stehen, am meisten von deiner „Veränderung" betroffen. In den eben angeführten Beispielen muss sich die Angetraute nun nämlich überlegen, ob sie mit einem Mann zusammen bleiben will, der sich vielleicht lieber einen Mann an seiner Seite wünscht, der Gefährte des nun HIV-Positiven könnte sich infiziert haben, die Kinder werden Zeit brauchen, den Verlust ihres Papis zu verdauen. In jedem Fall wird es das Leben der Betroffenen erstmal für eine Weile (oder für immer) auf den Kopf stellen, das sollte man in seine Überlegungen einbeziehen.

In welcher Reihenfolge?

Auch bei weniger einschneidenden Situationen sollte man sich gut überlegen, in welcher Reihefolge man sein Coming-out hat, damit man das Vertrauensverhältnis nicht beeinträchtigt. Lebst du noch zu Hause und hast coole Eltern, von denen du Unterstützung erwarten kannst, ist es sicher gut, sie früh auf deine Seite zu holen. Outest du dich z.B. erst vor Freunden, die es prompt an die große Glocke hängen, so dass deine Eltern es über die Nachbarn erfahren, kann das dein Vertrauensverhältnis zu ihnen beeinträchtigen. Zudem solltest du ihnen die Möglichkeit geben, sich mit den veränderten Vorzeichen im Leben ihres Sohnes anzufreunden, denn auch sie werden aller Wahrscheinlichkeit nach ein Coming-out mit deinem Coming-out haben. Sie werden bei den Großeltern, Onkeln und Tanten, Nachbarn, beim Metzger und der Frisörin damit konfrontiert werden. Und nicht zuletzt ist es gut, sie auf deiner Seite zu haben, das sind schließlich Stützpfeiler für dich.

In jedem Fall aber ist es keine gute Idee, dass Menschen, die dir nahe stehen oder die von deiner „Verwandlung" direkt betroffen sind, es über Umwege erfahren. Nicht gut für sie, aber auch nicht für dich selbst. Abgesehen davon, dass es die bevorstehende Auseinandersetzung verkompliziert, wirst du dich mit dir selber schlechter fühlen, als wenn du den Mut aufgebracht hättest, „deinen Mann zu stehen".
Übrigens: Wie das Leben so spielt, funktioniert das Coming-out selten nach Plan. Vielleicht sitzt du eines Tages mit deinen Kollegen von der Müllabfuhr bei einer Flasche Bier zusammen, und einer reißt einen blöden Schwulenwitz, der dir den Kragen platzen lässt, wodurch du dich ungewollt outest.
Oder das Outing nimmt dir jemand ab, die Kollegin zum Beispiel, die mitkriegt, dass immer derselbe nette Herr bei dir anruft, der so offensichtlich gar nichts mit deinem Job zu tun hat. Sie plärrt es dann hinaus (s. Jochen, S. 70f). Oder deine Mutter spricht dich direkt an: „Bist du eigentlich schwul, oder was?"

„Wo soll ich es ansprechen?"

Heimspiele sind immer leichter zu bewältigen, weil man sich sicherer fühlt. Aber: In schwierigen Fällen lohnen sich taktische Schachzüge. So kann der Vater beim sonntäglichen Mittagstisch im Dorfrestaurant vielleicht weniger aufbrausen als im „trauten Heim". Und wenn man es einem Freund in einer Kneipe unterbreitet, kann man danach aufstehen und gehen, falls es besser ist, ihn mit der Information erstmal alleine zu lassen. Dem Pfarrer würde ich es nicht unbedingt in der Kirche auf die Nase binden, weil er dort Hausrecht hat und dich hinauswerfen kann – diese Macht solltest du ihm nicht über dich geben. Kinder wollen sich danach vielleicht in ihr Reich zurückziehen, wo sie sich sicher fühlen, deshalb ist es besser, das Coming-out-Gespräch nicht in ihrem Zimmer zu führen.

„Wann ist der richtige Zeitpunkt dafür gekommen?"

Der richtige Zeitpunkt ist dann gekommen, wenn du dich in dir selbst halbwegs stabil fühlst und viele Fragen, die dir andere stellen werden, beantworten kannst. Die Zeit ist noch nicht reif, wenn du Hilfe suchst. Die Wahrscheinlichkeit ist groß, dass dein Gegenüber mit deiner Offenbarung in emotionale Nöte geraten wird oder Ängste in ihm ausgelöst werden. Er wird eher auf deine Hilfe angewiesen sein. Wo sollen z.B. deine Eltern mal eben Informationen über Aids herkriegen? Oder woher sollen sie wissen, wie man mit dem Sohn umgeht, der sich eher wie ein Mädchen fühlt?

COMING-OUT UNTER PALMEN?

„ICH GLAUBTE, DER EINZIGE SCHWULE AUF DER GANZEN WELT ZU SEIN“

Jeffrey wusste es schon mit 12. „Ich habe gerne Mädchenkleider angezogen und nackt mit meinem Bruder gespielt.“ Nach dem Unterricht hing er in der Schule ab, weil er die Aufmerksamkeit des Hausmeisters auf sich ziehen wollte. „Ich hätte gerne etwas mit ihm gemacht, aber dann verließ mich der Mut.“

Dass er mit 14 auf ein Jungengymnasium kam, verstärkte seine Gefühle nur. „Ich fühlte mich so zu Hause wie nie zuvor.“ Aber er wusste, wie intolerant sich die jamaikanische Gesellschaft gegenüber Homosexuellen verhält. Erst vor zwei Jahren wurde ein Aktivist ermordet, weil er für die Rechte der Schwulen eingetreten ist. „Die Leute sind arm, ihr Leben ist hart, sie haben keinen Weitblick. Was Homosexualität angeht, sind die Jamaikaner wie Primitive aus dem Busch. Dein bester Freund könnte dich verprügeln lassen, nur weil du schwul bist.“

Mit 17 ging Jeffrey von der Schule ab und begann für eine Versicherung zu arbeiten. Er verließ die Kirchengemeinde, zog von zu Hause aus („weil ich es meiner Familie nicht sagen konnte“) und entdeckte die schwule Welt – auf dem Papier. „Ich habe schon immer viele Brieffreunde gehabt. Als ich Mitte der 80er Jahre schwule Zeitschriften aus England geschickt bekam, hatte ich plötzlich Adressen von Organisationen in Deutschland und den USA.“

Jeffrey schrieb. Über seine Gefühle. Fragte die anderen über das freie Leben in ihren Ländern aus. „Ich war schwul, das genügte mir. Es war ein Schatz, den mir niemand nehmen konnte. Irgendwann würde ich die Welt schon entdecken dürfen."

Der Sex war ihm auch mit 24 noch fremd, als ihn ein junger Mann in Kingston am Strand ansprach. „Wir haben nur ein bisschen gespielt, denn ich wusste noch nicht, wie zwei Männer das miteinander anstellen." Das erfuhr Jeffrey erst, nachdem sich ein Freund in ihn verliebte und in erotischen Briefen beschrieb, was er mit ihm alles anstellen wollte.

Dann kam Holger, 1991, ein Brieffreund aus Bergisch-Gladbach. Zu dem Zeitpunkt kannten sie einander bereits vier Jahre von Briefen und Fotos. Holger blieb drei Wochen auf Jamaika. Sie kamen einander näher, auch sexuell. Die Funken flogen. Seit 1995 leben die beiden zusammen. In Deutschland. Jeffrey hat eine Altenpflegerausbildung absolviert und arbeitet nun in einem Heim.

„Meine Mutter kam vor sechs Jahren zu Besuch. Sie ahnte natürlich schon seit meiner Kindheit, dass ich schwul bin. Sie weinte und weinte und weinte, weil ich jetzt mit einem Mann zusammenlebe und bat mich, zu heiraten und Holger nur als Freund zu behalten." Außer seiner Mutter weiß nur sein älterer Bruder Bescheid – vielleicht! –, die anderen fünf Geschwister jedoch nicht. Nicht die ehemaligen Arbeitskollegen, höchstens zwei Freunde, aber auch nur vielleicht. Keiner aber redet darüber.

Erst dreimal war Jeffrey seit seinem Wegzug wieder im Land seiner Herkunft, zweimal mit Holger. Der will nicht mehr mit, „weil er Angst hat, verprügelt zu werden."

Homosexualität wird in Jamaika mit Gefängnis und Zwangsarbeit bestraft. Deswegen dauerte es, bis Jeffrey Sex mit einem Mann hatte. Aber den brauchte er gar nicht. Für ihn war Schwulsein ein Schatz, den ihm niemand nehmen konnte. Ein Happyend mit Beigeschmack.

Ist es nicht schwer, sein Schwulsein vor der Familie zu verstecken? „Sie fragen mich, ob ich eine Frau habe, und ich sage Nein. Wenn ich lügen würde, dass ich eine habe, würden sie mich nach ihr ausfragen. Aber so gibt es nichts zu fragen."

Entfremdet man sich da nicht von der Familie, den Freunden? „Der Urlaub ist nur ein kurzer Moment. Mein Lebensmittelpunkt ist hier. Und was würde es mir bringen? Für meine Familie wäre es eine Schande, ein schwules Familienmitglied zu haben. Und ich könnte nie wieder hinfahren."

http://old.lsvd.de/bund/binats/binat.html

DIE SCHLECHTESTEN MOMENTE FÜR EIN COMING-OUT-GESPRÄCH

- Wenn du selbst nicht dabei bist. Es ist viel leichter, jemanden abzulehnen oder zu verurteilen, der einem nicht gegenüber sitzt – das kennst du vom Tratschen. Ausnahmen: Wenn dir dein Gegenüber verbal überlegen ist, zu emotionalem Missbrauch oder Jähzorn neigt.

- Zwei Minuten vor der Sportschau.

- Wenn die Emotionen ohnehin schon aufgeheizt sind, z.B. weil deine 12-jährige Schwester gerade gestanden hat, dass sie nicht nur schwanger ist, sondern nächste Woche zu ihrem Zuhälter ziehen wird.

- Wenn du auf Hilfe angewiesen bist, z.B. wenn du gerade erfahren hast, dass du HIV-positiv bist und Angst vor deiner Zukunft hast. Wende dich an Menschen, die dir wirklich helfen können. Deine Eltern werden vermutlich selbst Hilfe brauchen, mit diesen News fertig zu werden. Du solltest stark sein, wenn du ihnen das unterbreitest.

- Freunden sagt man es besser einzeln statt in der Clique. In Gruppen entsteht Dynamik, meist muss einer was Doofes sagen, über das irgendjemand anderes dann kichert, und schon gerät die Sache außer Kontrolle.

- Wenn du selbst keine Zeit hast, zum Beispiel zwischen Haustür und Wagen, kurz bevor du ins Büro fährst. „Ach, Gertrud, ich bin übrigens schwul, du brauchst mit dem Abendessen nicht auf mich zu warten." Freunde, Verwandte, Kinder, Ehefrauen werden Fragen haben. Wenn du willst, dass sie dich vorurteilsfrei verstehen, solltest du ihnen die Möglichkeit einräumen, mit dir darüber zu sprechen. Du solltest sie sogar dazu animieren: „Hast du das alles verstanden?", „Ist dir etwas unklar?", „Hast du noch Fragen?", „Weißt du, was das bedeutet?" ...

- Wenn du dich bereits in einer Auseinandersetzung mit deinem Gegenüber befindest.

- Wenn es dir schlecht geht. Vor allem Eltern könnten dann annehmen, dass du wegen deines Schwulseins unglücklich bist. Nicht die beste Voraussetzung, um dich damit zu akzeptieren.

- Wenn dein Gegenüber (Vater, Mutter, Partner) es bereits von anderen erfahren hat.

Allein, von Feinden umringt: So fühlen sich viele vor dem Coming-out. Gott sei Dank bestätigen sich die Ängste nur sehr, sehr selten.

„ALLE WOLLEN, DASS ICH MICH ENTSCHEIDE“

„Mit 15 habe ich von einem Mitschüler geträumt.“ Thomas hat ihn geküsst und gestreichelt, mehr hatte seine Phantasie noch nicht im Repertoire, denn auch seine Erfahrung mit Mädchen war begrenzt. Auf den Begriff „Bisexualität“ stieß er erst Jahre später im Vorwort zu einer Jim-Morrison-Biographie.

Aber: „Sex mit Männern machte mir Angst“, erzählt Thomas, denn er blickt auf eine lange Vorgeschichte mit negativen Männererfahrungen zurück. Außerdem interessierte ihn anonymer Sex nicht – „es sollte nicht irgendein Mann sein, ich wollte mich schon richtig verlieben“ –, aber für eine Beziehung hat er sich in der schwulen Welt zu fremd gefühlt.

Seine erste Freundin hatte er mit 19, die erste feste Partnerin mit 21. Die fand die Idee, mit einem Bisexuellen zusammen zu sein interessant – solange er keinem Kerl hinterherguckte, denn dann wurde sie eifersüchtig. Seine zweite Freundin konnte mit seiner Sehnsucht nach Männern gar nicht umgehen. Ihr Vater war an Aids verstorben, und sie hatte Angst, so etwas noch einmal durchmachen zu müssen. So kam es, dass Thomas erst mit Mitte 30 zum ersten Mal mit einem Mann schlief. Er hatte auf eine Anzeige geantwortet, sich Mut angetrunken, und dann war der Sex eher enttäuschend. Trotzdem fühlte Thomas seinen inzwischen 20 Jahre alten Traum und seine Sehnsüchte bestätigt. Er wollte auch einen Mann lieben. Aber wie findet man als Bisexueller einen Partner?

Mit schwulen Männern kam er nicht zurecht. „Früher oder später lief es immer darauf hinaus, dass sie eine Entscheidung von mir erwarteten. Können Schwule sich denn ‚entscheiden'?" Mit einem monosexuellen Menschen sei eine Beziehung generell schwierig: „Man bleibt sich in einem zentralen Punkt fremd." Dazu kommt, dass Schwule Thomas' Meinung nach das Gefühl haben, Bisexuelle würden ihren Identitätskampf abwerten.

Weil offen lebende Bi-Männer nicht so leicht zu finden sind, gab Thomas Anzeigen auf. Aber es war immer dasselbe: Die Frauen durften von den Ausflügen ihrer Männer nichts wissen. „Wenn er seine Frau seit Jahren anlog, war mir die Gefahr zu groß, dass er eines Tages auch mich anlügen würde. Außerdem will ich offen leben. Ich will ihn auf der Straße auch mal an der Hand nehmen oder küssen können."

Seit etwa sieben Jahren hat Thomas nun eine Freundin, die sich durch seine polyamore Sehnsucht nicht bedroht fühlt. „Es gibt zwei Typen Frauen. Die einen finden einen Bi-Partner okay, weil sie mit dessen Freund ohnehin nicht konkurrieren können, den anderen macht genau das umso mehr Angst. Als ob man nicht mehr als einen Menschen lieben könnte, ohne jemandem etwas wegzunehmen."

Gerade mal zehn Jahre ist es her, dass Thomas zum ersten Mal Sex mit einem Mann hatte. Dabei weiß der 45-Jährige schon seit seinem 15. Lebensjahr, dass er Männer und Frauen lieben kann. Nun hat er Freundin und Freund zugleich, bisexuell nennt er sich trotzdem nur ungern.

Seinen männlichen Schwarm („Freund" möchte Thomas ihn noch nicht nennen) hat Thomas beim bundesweiten Bi-Treffen vor fünf Monaten kennen gelernt, bei dem zweimal jährlich etwa 60 Männer und Frauen zusammenkommen. „Der Umgang ist so viel einfacher mit Bisexuellen. Du musst dich nicht erklären." Thomas hat es satt, immer wieder mit denselben Vorurteilen konfrontiert zu werden. Und eine Frage will er nie wieder hören: Wie geht es deiner Freundin damit? „Immer wird zuerst nach den anderen gefragt. Nie fragt mal jemand, wie es mir damit geht." Für Thomas ist das Ausdruck dessen, dass immer nur geschaut wird, was gesellschaftlich erlaubt und erwünscht ist, statt auf gesunde Weise an sich selbst zu denken und sich von der eigenen Phantasie leiten zu lassen.

Mit der Bezeichnung „Bi" fühlt er sich aber nur begrenzt wohl. „Eigentlich taugt der Begriff nicht." Er erzählt, dass eine stockheterosexuelle Freundin von ihm mal zwei Jahre ein lesbisches Verhältnis hatte und nun wieder ausschließlich mit Männern schläft. Zumindest im Moment. Er selbst hat trotz „Bi-Gefühl" jahrelang nur mit Frauen geschlafen. „Muss man sich nun nach seinem Begehren einordnen oder danach, wie man lebt? Begriffe sind doch nur Hilfskonstruktionen. Alles muss in Schubladen sortiert werden. Und wenn jemand was Neues lebt, dann bitte auch gleich mit einem Etikett dafür."

www.bine.de
www.z-bi.de
www.brls.de
www.polyamour.net/German/ge_presentation.htm

Daher ist es gut, wenn du mit deinem Thema innerlich wie auch auf der Wissensebene vertraut bist. So kannst du ihre Fragen beantworten, beweist damit Stärke und nimmst den anderen die Angst, dass du mit deinem Leben nicht fertig wirst.
Wenn du dagegen mit der Vereinbarung, deinem Partner sexuell treu zu bleiben, nicht mehr klarkommst und die Beziehung öffnen möchtest, solltest du mit dem Gespräch nicht warten, bis du in dir mit der Auseinandersetzung fertig bist, sondern es frühzeitig ansprechen. Könnte ja sein, dass dir im Laufe des Gesprächs (du erinnerst dich an Herrn Kleist?) klar wird, dass mit eurem Sex was nicht stimmt, und du eigentlich lieber das ändern würdest, statt die Beziehung zu öffnen.

WAS BEIM COMING-OUT-GESPRÄCH GUT TUT

- Dir Zeit nehmen
- Augenkontakt mit dem Gegenüber
- Von dir selbst sprechen, anstatt andere zu zitieren
- Aus dem Herzen zu sprechen, statt aus Angst heraus
- Vorwürfe vermeiden
- Mit Bedacht sprechen, nur wohl überlegt
- Alles Nötige sagen
- Notfalls in kleinen Portionen
- Die Freude darüber vermitteln, dass man seinen Weg gefunden hat, und das Glück darüber zum Ausdruck bringen
- Falls du Menschen über deine HIV-Infektion informierst, vermittle, dass du dich mit den Konsequenzen auseinander gesetzt hast
- Verständnis für die Gefühlsreaktion des Gegenübers zeigen und echtes Mitgefühl entgegenbringen
- Falls dein Gegenüber überreagiert (dich beschimpft), hilf ihm, indem du dich zurückziehst und wartest, bis er mit seinen Gefühlen klar gekommen ist
- Fühl dich nie schuldig, schlecht oder minderwertig
- Hast du dem anderen Schaden zugefügt, übernimm Verantwortung und tu alles, was in deiner Macht steht, um den Schaden wieder gutzumachen
- Sei liebevoll zum anderen – aber auch zu dir selbst

„Wie sag ich's"?
Nahe Stehende mit der Neuigkeit zu konfrontieren, dass man ein anderer ist, als sie bisher angenommen haben, ist nicht immer ganz einfach – weshalb manch einer es vorzieht, es ihnen schriftlich mitzuteilen. Das hat entscheidende Vorteile:
Man erspart sich die lästige Hürde des Anfangs. „Du, äh ... ich muss dir was sagen."
Man vermeidet, sich dramatischen Gefühlsäußerungen auszusetzen. Wer will schon die Tränen der Eltern aushalten, Gewaltandrohungen schon gleich gar nicht!
Und natürlich ist es schlichtweg einfacher: Beim Schreiben kriegt man vielleicht schwitzige Hände, aber dann ist man hoffentlich weit genug weg, wenn die Bombe hochgeht.

Die Sache hat allerdings auch Nachteile:
Ein Brief wird schnell zur „Stillen Post". Du kennst die-

ses Gruppenspiel: Der erste flüstert seinem Nachbarn einen Satz ins Ohr, welchen der – ohne nachzufragen! – an seinen Nachbarn weitergeben muss, und dieser an den nächsten. Wenn man Ausgangsbotschaft und Endbotschaft vergleicht, ist das Gelächter in der Regel riesig. Auf das Coming-out gemünzt heißt das, dass du in der Briefform wenig Kontrolle darüber hast, wie der andere deine Worte versteht – und dann hat man nicht viel zu lachen. Missverständnisse lassen sich im Gespräch leichter ausräumen.
Du beraubst dich einer großen Gelegenheit: Das Gefühl, zu sich selbst zu stehen, für sich selbst einzutreten, verbunden mit der „Gefahr", ordentlich Gegenwind zu kriegen, der deine Kanten und Ecken ein wenig schleift, ist nicht zu verachten. Du lernst dich selbst besser kennen. Du lernst dein Gegenüber besser kennen. Und wenn die Basis stimmt, wird es die Verbindung zwischen euch vertiefen oder – auch nicht schlecht – klären, dass ihr eigentlich nicht zueinander passt. Dann war es ohnehin längst überfällig, unter die Freundschaft/Beziehung einen Schlusstrich zu ziehen.
Nicht zuletzt können Briefe (gleich oder später) in die falschen Hände geraten, und so kann dein Coming-out unerwünschte Folgen haben, z.B. während der Scheidung.

Es schadet auch nichts, Informationen in Form von Broschüren und Adressen von Anlaufstellen bereitzuhalten, so dass sich deine Gesprächspartner im Anschluss an das Gespräch mit dir in Ruhe selbst informieren können. Es gibt für jeden Hilfe.

„Was sage ich genau?"
Sage alles, was dein Gegenüber betrifft („Liebe Gattin, ich bin bisexuell"), aber verschone den anderen mit Details, die ihn nichts angehen („Meine bevorzugte Sexpraktik ist Rimmen") und erspare euch beiden zumindest am Anfang Diskussionen über die Konsequenzen des Ganzen („Wir müssen uns trennen"), die werden sich früh genug abzeichnen. Es sei denn, sie stehen fest, weil du z.B. schon einen Freund hast, mit dem du eine gemeinsame Wohnung angemietet hast. Dann aber kommt dein Coming-out einen Tick zu spät.

„Warum soll ich es eigentlich überhaupt jemandem sagen?"
Immer wieder erschallt das Argument, dass man z.B. den Eltern sein Schwulsein verheimlicht, weil man sich ihnen ohnehin nicht nahe fühlt. Aber könnte es nicht auch so sein, dass man sich den Eltern nicht nahe fühlt, eben weil man etwas ganz Fundamentales vor ihnen verbirgt?

Ähnlich bei der Arbeit. „Mit meinen Kollegen will ich ohnehin nichts zu tun haben, warum soll ich es ihnen sagen?" Vielleicht würde man mehr mit ihnen zu tun haben wollen, wenn man ihnen mehr aus seinem Leben erzählen würde bzw. könnte.

Eins ist klar: Weiß es jeder, gibt es nichts zu verstecken. Weiß es niemand, läuft man Gefahr, unabsichtlich verletzt zu werden, sich dumme Schwulenwitze anhören zu müssen oder von Frauen angebaggert zu werden, weil sie sich von dir so gut verstanden fühlen. Es bleibt ein ewiger Eiertanz. Spätestens wenn man in höheren Positionen arbeitet und zu irgendwelchen Feierlichkeiten zusammen mit der Gattin geladen wird, kommt man in Erklärungsnot. „Ich bin nicht verheiratet" stimmt zwar, aber wäre es nicht schön, wenn man aufgrund seiner offen gelebten Homosexualität die Firma dazu brächte, *zusammen mit Ihrem Lebensgefährten* auf die Einladungskarte zu schreiben? Wäre es nicht schön, wenn man den Kollegen Urlaubsfotos zeigen könnte, auf denen der Partner zu sehen ist, statt immer nur Landschaftsbilder? Oder wäre es nicht schön, wenn man sich nicht immer neue Lügen einfallen lassen müsste, damit man seine antiviralen Tabletten pünktlich schlucken kann?
Nicht zuletzt will ich dir das schon mehrfach von mir angeführte Argument ein weiteres Mal aufs Brot schmieren: Man beraubt sich einer großen Chance. Sich auseinander zu setzen, zu seinen Gefühlen und zu sich selbst zu stehen, auch wenn man Gegenwind bekommt, stärkt einen ungemein. Abgesehen davon wirst du im Leben noch viele Coming-outs vor dir haben. Es gibt kein besseres Training, als es immer wieder zu tun – nicht zuletzt ist es scheißanstrengend, sich immerzu verleugnen zu müssen, und es macht überhaupt keinen Spaß.

„Okay, okay, ich mache es. Aber nicht jetzt!"
Die Zahnarzt-Taktik. Hinausschieben kostet ungeheuer viel, und die Karies wird nur schlimmer. Als Schwuler nicht homosexuell zu sein, ist verdammt anstrengend. Man bezahlt es mit Überstunden (Arbeit lenkt ab), mit Alkohol (betäubt), mit Sexeskapaden (auch ein Rausch, der dich spätestens bei einer Infektion teuer zu stehen kommt), mit Kaufsucht und allen anderen Arten der Ablenkung.
Wenn du warten willst, bis du keine Angst mehr hast, wirst du tot sein, bevor du es jemandem gesagt hast. Gönne deinen Ängsten eine Nachrichtenzeile in deinem Bewusstsein und nutze den Rest der Leinwand fürs Leben.

„Äh ... verdammt, wie sag ich's bloß?" Man kann sich viele Gedanken machen, am Ende kommt's oft anders als man denkt.

DAS ÄUSSERE COMING-OUT (ZUSAMMENFASSUNG)

Wenn es dir irgend möglich ist, wähle das persönliche Gespräch. Es erfordert mehr Mut, ja, aber genau deswegen solltest du warten, bist du dich stark genug fühlst. Aller Wahrscheinlichkeit nach werden die Menschen, die du ins Vertrauen ziehst, Fragen haben, du kannst Souveränität beweisen und Selbstbewusstsein aufbauen, wenn du sie ihnen beantwortest. Dies ist vermutlich bei Genderfragen und HIV noch wichtiger als bei Bi- und Homosexualität, einfach weil Menschen in unserer Gesellschaft mit diesen Themen noch weniger Erfahrung haben und deshalb eher damit überfordert sein werden.

Das Gespräch mit den Eltern

Da das Gespräch mit den Eltern in der Regel das schwierigste sein wird (schließlich sind sie nicht so einfach auszutauschen wie Freunde), werde ich im Folgenden das Coming-out mit den Eltern durchspielen. Wie sich das von den Gesprächen mit Geschwistern, Freunden und Kollegen unterschiedet, darauf werde ich im Anschluss eingehen.

„Soll ich es ihnen schonend beibringen?“

Natürlich ist es wenig angemessen, sein Outing wie eine Bombe platzen zu lassen, à la: „Samstag geh ich mit Franz ins Kino und danach werde ich ihm einen blasen.“ Das Gegenteil davon wäre, um den heißen Brei herumzureden. „Was denkst du eigentlich über Schwule?“, wäre so eine berühmte Von-hinten-durch-die-Brust-ins-Auge-Einleitung. Nur selten ruft sie die erhoffte Reaktion („Willst du mir etwa sagen, dass du schwul bist?“) hervor. Die Gefahr ist eher, dass sich dein Gegenüber in Vorurteilen verrennt und du dich danach gar nicht mehr traust, ihn einzuweihen. Abgesehen davon, dass er sich grauenhaft fühlen wird, wenn er es erfährt („Und dem hab ich all das an den Kopf geworfen?“).
Als Einleitung eignen sich am besten Worte, die klarmachen, dass du jetzt Aufmerksamkeit beanspruchst und dass es sich um ein ernsthaftes Thema handelt. Ein möglicher erster Satz könnte sein: „Ich würde mit dir gerne über etwas sprechen, das mir sehr wichtig ist.“
Das Thema mit Fragen einzuleiten („Hast du eigentlich Angst davor, dass ich positiv sein könnte?“, „Würde es dir was ausmachen, wenn ich mir den Schwanz wegoperieren ließe?“, „Was würdest du sagen, wenn ich dir gestehen würde, dass ich fremdgegangen bin?“) sind

selten sehr hilfreich. Die Wahrscheinlichkeit ist hoch, dass die Reaktion deines Gegenübers die Angelegenheit verkompliziert.

„Muss ich alle Fragen beantworten?“
Eltern, Geschwister und Freunde haben in der Regel ein Interesse an dir und wollen daher verstehen; dass sie Fragen stellen, ist nachvollziehbar. Es ist schön, wenn du die Geduld und das Verständnis aufbringst, ihnen beizustehen, mit der veränderten Situation umzugehen. Aber vergiss dich selbst nicht dabei. Beantworte niemals Fragen, die du nicht beantworten willst! Gerade alles, was mit deiner Sexualität zu tun hat, „Aber du lässt dich doch nicht in den Popo bumsen, oder?“ Das geht maximal deinen Liebhaber bzw. den Sexpartner, mit dem du gerade zwischen den Laken liegst, etwas an. Im Laufe der Jahre wirst du merken, dass manche Fragende von ihrem voyeuristischen Verlangen überkommen werden. Und das musst nicht du bedienen.

„Muss ich auf alles eingehen?“
Manche Gegenüber sind so in ihren Ängsten und Vorstellungen gefangen („Du wirst in die Hölle kommen!“) bzw. so davon überzeugt, dass nur sie genau wissen, wie man „richtig“ lebt („Rottet die Homosexuellen aus, und der Faschismus ist verschwunden“, Maxim Gorki), dass Outinggespräche schwierig werden. Wenn du merkst, dass die Unterhaltung nirgendwohin führt bzw. dein Gegenüber anfängt, Argumente gegen die Homosexualität aufzuzählen („Es steht schon in der Bibel ...“) oder gar versucht, dich zu überzeugen, dass du eine „falsche Entscheidung“ getroffen hast („Die Selbstmordrate unter Homosexuellen ist höher als unter Heteros“), wende dich gewinnbringenderen Aktivitäten zu (z.B. stricken). Statistiken und angeblichen Forschungsresultaten begegnet man am besten mit Worten wie: „Das ist für mich nicht ausschlaggebend. Ich fühle so. Und so werde ich leben.“

DIE HÄUFIGSTEN ERWARTUNGEN, DIE AN DICH GESTELLT WERDEN

- Dass du deine „Neigung“ vor den Nachbarn geheim hältst
- Dass du zu offiziellen Anlässen (im Büro) einen adäquaten Partner mitbringst
- Dass du mit niemandem Sex hast, der mit der Familie bekannt ist
- Dass es Arbeitskollegen oder die Kundschaft nicht erfährt, weil Homosexuelle angeblich erpressbar wären
- Dass du deinen Lebensgefährten versteckst
- Dass du deinen Lebensgefährten nicht mal erwähnst
- Dass du als Transgender dich deinem angeborenen Geschlecht entsprechend verhältst
- Dass du als Schwuler trotzdem „mal Sex mit 'ner Frau ausprobieren sollst“
- Dass du „den Kindern zuliebe“ deine wahren Gefühle unterdrückst

„MEINE ELTERN SIND NICHT NUR GESCHIEDEN, MEIN PAPA IST SOGAR SCHWUL“

Luici war schon lange in Doreens Elternhaus ein- und ausgegangen, als der Vater ihr gestand, dass er seit fünf Jahren ein Verhältnis mit ihm hatte. Unter Tränen. Luici hatte Bernd nämlich gerade den Laufpass gegeben. Nach fünf Jahren Versteckspielen hatte dieser die Nase voll.

„Ich hatte absolut nicht damit gerechnet, dass Papa schwul ist. Luici war für mich der große Bruder, den ich mir immer gewünscht habe.“ Als Doreen – Einzelkind – Luici kennen lernte, war sie 11 und er 17 gewesen.

Den Vater für seine Homosexualität zu verurteilen, darauf kam Doreen schon deshalb nicht, weil sie sah, wie viel ihm Luici bedeutete. Aber sauer war sie schon, weil er es der Mutter noch nicht gesagt hatte. „Ich werde es nämlich nicht tun.“

Bernd sagte es seiner Frau, die Trennung wurde beschlossen, und Bernd gewann Luici zurück. Nun musste nur noch die Kündigungsfrist für die Wohnung überstanden werden. Sechs Monate. Nicht einfach. Und dann Weihnachten: Vater, Mutter, Doreen – und Luici. „Es waren die beschissensten Feiertage, die ich je erlebt habe.“

Dass die Ehe auseinander ging, damit konnte Doreen leben. „Meine Mutter hatte zuvor oft geäußert, dass sie sich scheiden lassen wollte." Dennoch ging für sie etwas kaputt, das ihr ganzes Leben Bestand gehabt hatte. Weil Doreen zum Vater immer schon das bessere Verhältnis gehabt hatte, zog sie zu Luici und ihm.

In dieser turbulenten Phase weinte sie sich bei ihrem Freund aus. Der Türke war baff. Mitgefühl konnte er nur begrenzt aufbringen. Der Tenor seiner Einstellung: „Aus was für einer Familie kommst du denn?"

Als die damals 16-jährige Doreen erfuhr, dass Papas bester Freund zugleich sein Liebhaber ist, war sie baff. Einen schwulen Vater zu haben, war für sie kein Problem. Aber für ihren Freund. Wie sie damit umgehen sollte, das musste sie erst lernen.

Die Situation spitzte sich immer mehr zu, weil er Homosexuelle nicht akzeptieren konnte. Erst ignorierte er Bernd und Luici, dann begann er gar, sie verbal zu attackieren. Der Vater verlangte von Doreen, dass sie sich hinter ihn stellte und den Freund verließ. Sie aber liebte ihren Freund und geriet zwischen die Fronten. Ungewollt. Bis ihr klar wurde: „Wenn irgendjemand ein Problem mit meinem Vater aufgrund seines Schwulseins hatte, wollte ich nicht mit ihm befreundet sein. Also kann ich das meinem Freund auch nicht zugestehen." Sie trennte sich.

Die Beziehung zwischen Doreen und ihrem Vater intensivierte sich nach seinem Coming-out deutlich. „Plötzlich konnten wir offen über das reden, was vorher heimlich gelaufen ist. Zum Beispiel traute sich mein Vater nicht, Luici in meiner Anwesenheit zu küssen. Dabei finde ich das ganz normal." Ebenso spornte sie ihn an, sich im Job zu outen. „Je ehrlicher du bist, desto weniger werden sie bohren." Nur der eigenen Familie konnte er es lange nicht sagen. „Das hat mich genervt. Ich musste immer lügen und so tun, als sei das Gästezimmer Luicis Zimmer."

In der Berufsschule hat die angehende Rechtsanwaltsfachangestellte gleich mit offenen Karten gespielt. „Über 50% der Leute sind Scheidungskinder, das ist nichts Außergewöhnliches. Wenn ich sage, dass ich einen schwulen Vater habe, finden das eigentlich alle cool. Was sie wirklich denken, ist mir egal."

Den Vater schockiert die inzwischen 22-Jährige mit ihrer Offenheit immer wieder. „So lernen mich die Leute von Anfang an kennen, wie ich bin. Und wenn sie ein Problem damit haben, will ich erst gar keine Freundschaften zu ihnen aufbauen." Das kann er nicht verstehen. Weil man doch, auch wenn Schwulsein heute kein Verbrechen mehr ist, immer noch schräg angeguckt wird. Doreen aber erlebt das Schwulsein ihres Vaters mittlerweile als Bereicherung. „Auch wenn ich in den Jahren einiges durchgemacht habe, so hat es mir viel gebracht."

„Aber wenn mir die Eltern überlegen sind …"
(Ähnliches gilt natürlich auch für die Ehefrau, den Vorgesetzten …) Vielleicht hast du das Pech, einen extrem konservativen Rhetorikprofessor zum Vater zu haben, der dich in Grund und Boden reden kann. Denk immer daran: Es geht nicht ums Gewinnen. Es darf dir so wenig ums Gewinnen gehen wie einem Physiklehrer, der seinen Schülern die Schwerkraft erklärt. Sie ist da, ob man sie will oder nicht, sogar wenn man sie doof oder moralisch verwerflich findet. Deine Gefühle existieren genau wie physikalische Kräfte, sie sind einfach da. Fertig. Dann vielleicht doch lieber „Stille Post" – aber vermutlich kriegst du den Brief dann mit roten Korrekturzeichen übersät zurück.

WAS DU WÄHREND EINES COMING-OUT-GESPRÄCHS NIE TUN SOLLTEST

- **Türen schlagen**
- **Vorwürfe machen**
- **Eingeschnappt sein und weitere Hürden aufbauen: „Ich hasse dich!", „Ich will dich nie wiedersehen", „Ich will nichts mehr mit dir zu tun haben" …**
- **Dich selbst überhöhen: „Ha, du bist doch nur neidisch." Arroganz ist nur die Kehrseite von mangelndem Selbstbewusstsein**
- **Anderen die Schuld in die Schuhe schieben**
- **Mit Selbstmord oder Weglaufen drohen**

„Was für Reaktionen habe ich zu erwarten?"
Die Wahrscheinlichkeit ist groß, dass du auf Menschen treffen wirst, die dich nicht verstehen, die deine Gefühle auf Sex reduzieren, die bei der Vorstellung, Sex mit dem gleichen Geschlecht zu haben, vor Ekel erschaudern, in deren Köpfen beim Stichwort „Homosexualität" alle Filme aufgerufen werden, die in den Medien gezeigt werden: Analverkehr, anonymer Sex, Aids, häufig wechselnde Partner, Darkrooms … Entsprechend ihre Reaktionen. Vergiss dann nicht: Es sind ihre Filme, nicht deine!
Dein Freundeskreis wird sich lichten, das ist ganz normal. Rechne nicht damit, dass dich nach dem Coming-out noch alle genauso lieben werden. Selbst deine besten Freunde können schlechte Erfahrungen gemacht haben. Und fast alle hegen – so wie du – Vorurteile gegenüber Homos, Bisexuellen, Transen, Positiven … Möglicherweise zwingen sie auch religiöse Gründe dazu, dich abzulehnen. Und nicht zuletzt spielt ihre eigene Unsicherheit eine Rolle. Also stell dich einfach mal darauf ein, dass du im Laufe deines Coming-outs einige Freunde verlieren wirst.

Einsamkeitsgefühle schafft man sich selbst. Manchmal müsste man sich nur umdrehen, um zu erkennen, dass man keine Ente, sondern ein Schwan ist.

„ICH WÜRDE ES NICHT WIEDER TUN“

Als Leonhard seinen Eltern erzählte, dass er einen schwulen Sexshop eröffnen werde, waren sie erwartungsgemäß nicht sehr begeistert. Zu der Zeit führte er in München den Familienbetrieb ganz anderer Art weiter. Mut, es ihnen zu sagen, hatte er sich nicht machen müssen, denn: „Ich hatte mit meinen schwulen Coming-outs immer nur positive Erfahrungen gemacht.“ Leonhards Motto lautet: „Augen zu und durch – in Deutschland kann dir wegen deiner sexuellen Orientierung niemand etwas verbieten.“

Einer Mitarbeiterin, die Postvollmacht hatte, erklärte er, dass nun Briefe mit besonderen Unterlagen kämen, und sie diese besser nicht öffnen solle. Natürlich fragte sie nach dem Grund, und Leonhard erklärte es ihr. „Danach hat sie sich für den Inhalt gar nicht mehr interessiert.“

Selbst als es nach und nach die ganze Verwandtschaft erfuhr, ist ihm keiner diskriminierend gegenübergetreten. „Sie fragen schon mal nach dem Laden, aber immer nur, ob er denn läuft.“ Was ihnen dabei durch den Kopf geht, kümmert Leonhard wenig. „Ich frage sie auch nicht nach ihren Sexpraktiken.“ Sicher liegt es auch daran, dass sie keine Verbindung zwischen seiner Vorliebe für Lederklamotten und Sex herstellen, „Sie halten es für Motorradkleidung.“

Auch auf den Ämtern hat er sich nie schlechter behandelt gefühlt. Weder auf dem Gewerbeamt, wo er den Laden – der auf Leder, Gummi und Masken spezialisiert ist – zum Verkauf von „ehehygienischen Artikeln" anmelden musste (einen anderen Begriff gibt es dafür nicht), noch im Umgang mit der Polizei, wenn er Kunden anzeigen muss. Damals, nach dem Einbruch, versuchte er einem Beamten vorsichtig zu erklären, was alles gestohlen wurde, bis dieser sagte: „Nun drucksen Sie doch nicht so herum!"

Aber Vorurteile gibt es natürlich immer noch. Neue Lieferanten und Großhändler sind anfangs oft skeptisch. Das hängt aber weniger mit der schwulen Ausrichtung des Ladens zusammen, als damit, dass es in dieser Branche viele schwarze Schafe gibt, die gelieferte Ware nicht bezahlen. „Sobald sie kapieren, dass wir kompetente Geschäftspartner sind, gibt es keine Probleme mehr."

Vor neun Jahren eröffnete Leonhard zusammen mit seinem Freund Michael den Sexshop* SpeXter*. Entgegen ihren Erwartungen stießen sie dabei auf keine Probleme. Trotzdem würde er es heute nicht noch einmal tun.

Nur Versicherungen und Vermieter sind nicht einfach. Beim ersten Schadensfall hat die Versicherung die Chance ergriffen und gekündigt. „Entscheidung des Vorstands", lautete die Begründung am Telefon, man wolle mit der Branche nichts zu tun haben. „Sie haben wohl Angst vor Imageverlust, schließlich müssen Versicherer in ihren Jahresberichten angeben, welche Branchen sie versichern."

Aufgrund der Ware wird den Mitarbeitern von *SpeXter* oft unterstellt, sexuell heftig drauf zu sein. In den Kneipen werden sie schon mal verschüchtert angeguckt. „Die Neugier an härteren Gangarten ist zwar da, aber die Hälfte würde sich nicht auf SM-Sex einlassen, weil die Vorurteile immer noch zu groß sind." Etwa 40% der Neugierigen gehen es vernünftig an, probieren mal das eine, mal das andere aus und steigern sich bei Interesse und Vergnügen dann langsam. „Strom ist im Moment sehr angesagt." Einem Fünftel scheint nichts heftig genug zu sein. „Aber von denen lebt die Hälfte in der Fantasie, in der Realität sind sie schnell überfordert. Sie wollen es, weil sie darüber gelesen haben, oder weil ihre Freunde das auch machen, und sie meinen, mithalten zu müssen."

Manchmal kommen ganz Junge in den Laden und kaufen megagroße Dildos. „Fisten bis zum Ellenbogen zählt in manchen Köpfen zum kleinen Einmaleins. Man kann sich nur wundern, wo die das hinpacken."

Im Großen und Ganzen ging also immer alles glatt, dennoch würde Leonhard heute keinen solchen Laden mehr aufmachen. „Das Klima wandelt sich. Hier im schwulen Viertel von München nehmen die Personenkontrollen durch Zivilpolizisten zu. Ich glaube, die Schwulen gehen den Heteros wieder mehr auf die Nerven. Wenn über Schwule berichtet wird, dann oft in Verbindung mit steigenden Infektionszahlen und Barebacking. Die Toleranz nimmt wieder ab."

www.spexter.com
http://de.wikipedia.org/wiki/Sadomasochismus
www.datenschlag.org

Hier kommt die gute Nachricht: Freunde fürs Leben sind ohnehin gezählt. Du wirst im Laufe deines Lebens noch viele verlieren, weil du plötzlich Erfolg hast, den sie dir neiden, weil du deinen Job verloren hast, und sie dich dafür belächeln, weil du eine politische Meinung geäußert hast, die ihnen nicht in den Kram passt, weil du ehrlicher warst, als sie es ertragen und und und.

„Wie gehe ich mit Ablehnung um?"

Verständnis für den anderen haben, ihm zuhören, da sein, um Fragen klären zu können. Aber fühle dich niemals schuldig. Für den Wasserfall an Selbstzweifeln, Selbstvorwürfen und Unsicherheiten, der bei anderen ausgelöst wird, bist du nicht zuständig. Aber vielleicht hast du die Größe und die Kraft, ihnen dabei zu helfen, besser damit fertig zu werden.

Und denke daran, dass die Zeit alle Wunden heilt. Egal, wie extrem die Reaktion auch sein mag, in ein paar Stunden oder Tagen, mit Sicherheit jedoch Jahren wird die Sache ganz anders aussehen. Mein Vater hat 13 Jahre gebraucht, bevor er mir nach dem Coming-out wieder begegnen wollte, und selbst dann konnte er mich nicht in seine Arme schließen. Aber sein bevorstehender Tod hat seine Prinzipien relativiert.

„Wie geh ich damit um, wenn ich beschimpft werde?"

Fühlst du dich stark genug und hast du genug inneren Abstand, um zu erkennen, dass dein Coming-out im anderen nur einen Film ausgelöst hat, der mit dir offensichtlich nichts zu tun hat, bringe ihm Mitgefühl entgegen.

Cool, ich konnte den Satz niederschreiben, ohne einen Schreikrampf zu kriegen. Ich persönlich würde nämlich das Weite suchen, weil mir diese Größe fehlt. Da ich zu Kurzschlussreaktionen neige, könnte mir durchaus mal die Hand ausrutschen, wenn mich jemand beschimpft, und das möchte ich vermeiden, daher ergreife ich eher die Flucht. Ich bin da wahrlich kein gutes Vorbild.

Richtig gut ist es, wenn man das irgendwie hinkriegt, nicht zurückzuschimpfen, denn das bringt selten etwas. Wenn du gehst, tu es im Wissen, dass sich jeder Sturm auch wieder legt.

Vergiss nicht: Es geht weder ums Rechthaben noch darum, etwas zu beweisen. Deine Gefühle sind deine Gefühle, du musst damit leben, nicht die anderen, deshalb sollen die ihren Unmut auf eine Postkarte kleben und an jemand schicken, den es interessiert.

„Wieso ist das eigentlich für manche so schwierig?"

Nicht jeder wird mit deinem Outing so souverän umgehen, wie du dir das wünschst. Ich erzähle dir ein Beispiel aus meinem Leben. Ich hatte einen Freund, der mein Lebensgefährte hätte werden sollen. Dass er HIV-positiv war, rief viele Erinnerungen in mir wach: Als ich Mitte der 80er Jahre in New York lebte, war ich fast täglich mit Todesnachrichten konfrontiert. Ich erlebte den grausamen Verfall und Tod des Ex-Freundes meines damaligen Lebensgefährten mit. Ich begleitete den Todeskampf meines Nachbarn und sah, welche Spuren das im Leben seiner Hinterbliebenen hinterlassen hat. Dass mein künftiger Gefährte HIV-positiv war, wühlte mich zutiefst auf. Was ich damit sagen will: Wenn dein Gegenüber extrem reagiert, hat das vielleicht einen guten Grund. In fast jeder Familiengeschichte liegt eine „totgeschwiegene schwule Leiche" vergraben, mit der er durch dich konfrontiert wird. Seine Reaktion hat in der Regel mit dir als Person selten etwas zu tun; du bist nur der Auslöser.

„Geht das nicht einfacher?"
Vergiss nicht, dass du Monate, vielleicht Jahre gebraucht hast um zu verstehen, was bei dir abgeht bzw. dass du vielleicht Wochen oder Monate gebraucht hast, um deinen Immunstatus zu akzeptieren. Erwarte nicht, dass dein Gegenüber diesen Prozess nun in zwei Sekunden durchmacht. Er wird Zeit brauchen. Vielleicht entwickelt er auch ein paar Gefühle und Reaktionen, die dir so akut nicht in den Kram passen. Dazu gehören Tränen, Schreien, Zusammenbrechen (der Vater eines Freundes musste erst mal in die Klinik, nachdem er erfahren hatte, dass sein Sohn positiv ist).

Fragen, die sich deine Eltern stellen

Wenn du deinen Eltern gegenübertrittst, wird dir vermutlich kaum etwas anderes durch den Kopf gehen, als wie du dieses Gespräch möglichst schnell und schmerzlos hinter dich bringst. Verständlich, das geht so ziemlich allen so. Aber vielleicht ist eine andere Taktik sinnvoller ...
Sigrid Pusch, Mutter eines schwulen Sohnes und Gründerin des Bundesverbandes der Eltern, Freunde und Angehörigen von Homosexuellen (Befah), erzählt: „Für uns begann eine neue Zeitrechnung. Noch am Kaffeetisch [an dem der Sohn sich gerade geoutet hatte] begann die Ursachenforschung. Unser ganzes Leben stand plötzlich vor uns. Was sind wir für Menschen, dass wir einen schwulen Sohn großgezogen haben? Wie haben wir unsere Sexualität gelebt? In meiner Kindheit war Sexualität nichts, worüber man

sich freute, sondern etwas, das man abzudienen hatte", erzählt die damals noch nicht mal 60-jährige Mutter. Die Frage, „Sind wir an seiner Entwicklung schuld?", war vorerst das Resultat dieser langen Kette von Selbstzweifeln. „Wir haben dagegen aufbegehrt, dass dies gerade uns passiert. Wir waren voller Trauer, dass unser Kind nicht den Weg gehen kann, den wir uns für ihn und unsere Familie gewünscht hatten."
Viele Eltern fühlen sich vor einen Komplex von Fragen gestellt, sobald sie mit der Tatsache konfrontiert werden, dass ihr Sohn schwul ist. Vor allem die älteren sind zu einer Zeit aufgewachsen, in der Homosexualität noch als Krankheit oder gar als Verbrechen angesehen wurde.

Die Fragen an sich selbst oder an dich könnten lauten:

„Was haben wir falsch gemacht?"

Die Gefahr ist groß, dass man aus einer Situation der Defensive heraus, aus Angst vor Verurteilung oder aus Scham austeilt und den Eltern Vorwürfe macht.
In der Konsequenz werden Eltern aus Schuldgefühlen heraus eher dazu neigen, dir das Leben schwer zu machen. Die Wahrheit ist: Deine Eltern haben nichts falsch gemacht. Es ist dein Leben und deine Sexualität. Je verantwortlicher du das vortragen kannst, desto einfacher machst du es deinen Eltern und damit dir selbst.

„Was bedeutet das für unsere Familie?"

Gleichzeitig bist du aber nicht für das Bild verantwortlich, das deine Eltern nach außen präsentieren wollen. Es ist nicht deine Aufgabe, die Illusionen und Wunschträume deiner Eltern zu erfüllen. Wenn ihnen die Homosexualität ihres Sohnes nicht in den Kram passt, müssen *sie* einen Weg finden, damit fertig zu werden.
Die Frage der Enkelkinder kommt oft aufs Parkett. Aber selbst bei Heterosexuellen gibt es keine Gewissheit, dass sie Nachkommen in die Welt setzen. Abgesehen davon: Es sind ihre Wünsche. Und: Wünschen darf man sich alles, nur hat niemand das Recht, andere schlecht zu machen, nur weil er selbst seine Wünsche nicht erfüllt kriegt.

„Kann ich etwas dagegen tun?" ...

... fragen Vater oder Mutter vielleicht. „Nein", würde als Antwort genügen, die vielleicht bessere lautet: „Es ist nicht notwendig,

Im Coming-out-Gespräch ist es wichtig, das eigene Anliegen von den Sorgen der anderen zu unterscheiden.

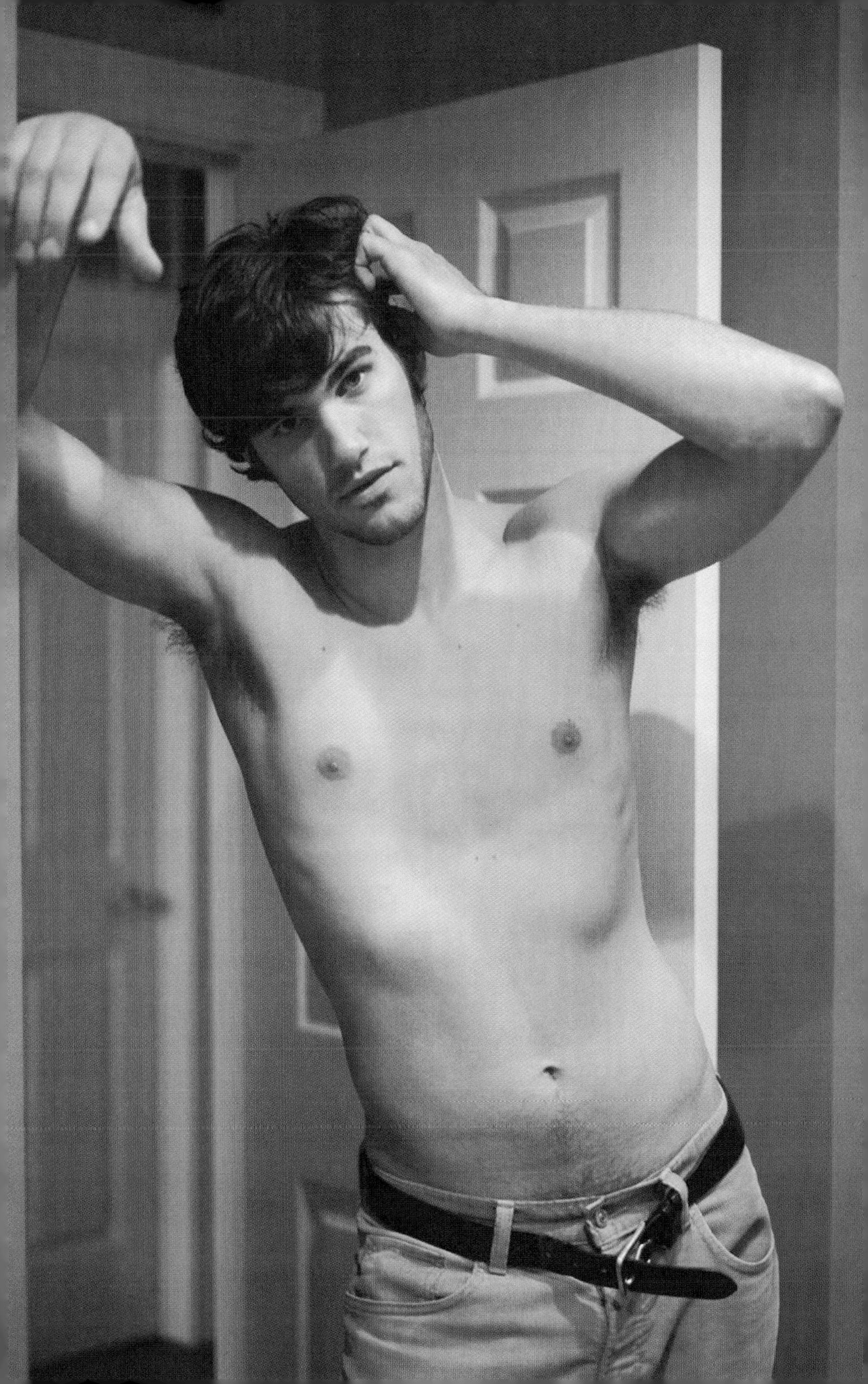

etwas *dagegen* zu unternehmen. Ich bin froh, so zu sein, wie ich bin. Mir wäre es lieber, wenn du etwas *für* mich tätest, z.B. indem du mich so unterstützt und liebst, wie ich bin."

„Warum tust du mir das an?"

Menschen, die sich als Zielscheibe verstehen, die von allen abgeschossenen Pfeilen mitten ins Schwarze getroffen wird, mangelt es an Selbstbewusstsein. Sie machen stets andere für ihr Empfinden und ihre Lebenssituation verantwortlich.

Dieses Lebensprogramm ist nicht nur wenig sinnvoll – weil man nie Kontrolle über sein Leben erlangt –, sondern sogar höchst destruktiv. Wenn sich deine Eltern mit ihrem Lebensgefühl so von dir abhängig machen, ist es jedenfalls nicht deine Aufgabe, dich zu verbiegen, damit es ihnen besser geht. Schick sie zum Therapeuten – oder zur Befah.

„Wie sieht deine Zukunft aus?"

Hinter dieser Frage steckt aufrichtige Sorge. Verbreitete Ängste sind, dass Schwule an Aids erkranken und im Alter einsam und allein sein werden, weil sie keine dauerhaften Beziehungen aufrechterhalten können.

Sprich diese beiden Themen ruhig offen an. Was HIV anbelangt, so kannst du deine Eltern am besten dadurch beruhigen, dass du sie über diese Krankheit aufklärst und damit beweist, dass du Bescheid weißt, dass du so viel Verantwortung für deine Gesundheit (und damit für deine Zukunft) übernommen hast, dass sie sich nicht um dich sorgen müssen.

Wenn du schon infiziert bist, kläre sie über die Übertragungswege auf (am besten anhand von Broschüren), denn sie haben vielleicht Angst, sich im Umgang mit dir zu infizieren. Damit zeigst du ihnen auch, dass du verantwortlich damit umgehst. Erkläre ihnen den Stand der Dinge in Sachen Therapie und wie sich die Behandlungsmöglichkeiten durch die Kombitherapien geändert haben.

Was Beziehungen anbelangt, sag ihnen, dass Schwule vor allem dann Schwierigkeiten haben, Partnerschaften längerfristig aufrechtzuerhalten, wenn sie mit sich selbst und ihrer Homosexualität nicht im Reinen sind. Wenn sie sich schuldig fühlen oder sich selbst nicht akzeptieren, weil sie darunter leiden, dass ihre Eltern nicht mit ihnen einverstanden sind. Im Gegenzug kann ihre Unterstützung dazu beitragen, dass du liebevolle, aufrichtige und langwährende Partnerschaften eingehen kannst.

Und letztlich: Eine Garantie für die Zukunft kann kein Mensch geben, unabhängig von seiner sexuellen Orientierung.

„Du wirst doch Schwierigkeiten im Beruf bekommen."

Es gibt natürlich Berufe, in denen man es schwerer haben wird, wenn man sich nicht heteronormativ gibt. Trotzdem gibt es leuchtende Beispiele, die das Gegenteil beweisen. Allen Argumenten zum Trotz ist eines ganz sicher: Wenn du deine wahren Gefühle unterdrückst, magst du vielleicht im Beruf besser vorankommen, aber als Mensch nicht. Und wie traurig wäre das?!

„Wie sollen wir damit umgehen?"

Als erstes ist es wichtig, den Eltern zu verstehen zu geben, dass sie sich keine Sorgen zu machen brauchen. Du kannst dazu beitragen, indem du beweist, dass du weißt, was du tust. Dann solltet ihr gemeinsam eine Strategie entwickeln, wem ihr reinen Wein einschenkt und wer es wem bei welcher Gelegenheit steckt. Denke dabei immer an die Konsequenzen für dein (!) Leben. Es mag durchaus vorkommen, dass Eltern vorschlagen, es vor dem Rest der Familie zu verschweigen. Das würde für dich bedeuten, dass du nie offen sein, nie davon erzählen kannst, wie schön der Urlaub mit deinem Liebsten war, oder warum du Weihnachten lieber mit deinem Freund feierst, geschweige denn, sie zu deiner Hochzeit (du wirst doch in Rosenblättern baden wollen?!?) einladen.

„Mit wem kann ich darüber sprechen?"

Siehe oben. Einigt euch auf eine Strategie. Aber sei dir darüber im Klaren, dass ein schwules Leben umso einfacher ist, je offener du es zeigen kannst. Auch kann man Eltern sehr damit helfen, wenn man sie von der Schweigepflicht entbindet, die sie vielleicht glauben, einhalten zu müssen. „Ihr könntet mir sehr helfen, wenn ihr es allen erzählt." Je mehr Menschen es erfahren, desto größer kann der Kreis von Menschen werden, die dich unterstützen.

Befah

Damit sich deine Eltern in dieser Phase Unterstützung holen können, empfiehl ihnen Kontakt mit dem Bundesverband der Eltern, Freunde und Angehörigen von homosexuellen Frauen und Männern aufzunehmen. Die Befah bietet Eltern, Angehörigen und Freunden Hilfe an, unterstützt die Bildung von Elternselbsthilfegruppen und organisiert Wochenenden und Tagungen, um sich informieren und austauschen zu können. Nicht zuletzt engagieren sich Mitglieder der Befah politisch für ihre Kinder; es lohnt sich also nicht nur für deine Eltern, sich von diesem Verein informieren zu lassen, sondern auch für dich: www.befah.de.

„ICH WÜNSCHTE, ICH KÖNNTE DICH HASSEN, DAMIT ICH DICH NICHT LIEBEN MUSS!“

„Können wir das geheim halten?“, fragte sie ihren Sohn unter Tränen, aber Marc verneinte; er war so froh, dass es endlich raus war. Am nächsten Morgen stellte er sich vor die Klasse und outete sich vor allen Mitschülern.

Mit dem Befreiungsschlag des Sohnes begann für die Mutter der Alptraum. Was werden die Nachbarn und die Familie denken? „Wenn ich zu Hause war, wollte ich weg, kaum war ich vor der Tür, wollte ich wieder nach Hause.“ Gabi Schütz diskutierte mit ihrem Mann Tage und Nächte, Wochen und Monate. „Er ist unser einziges Kind. Wir werden nie Enkel haben.“ Für sie brach eine Welt zusammen. Sie hatten Angst vor Aids und dass Marc keinen Partner finden und im Alter vereinsamen würde.

Das Coming-out der Eltern begann. Auf der Suche nach Unterstützung fuhren sie zu einer Gruppe betroffener Eltern nach Mannheim. Die aber waren an einem offenen Umgang nicht interessiert. Eine Frau klagte, dass ihr Mann eine zu hohe Stellung hätte, um sich zu outen. Da platzte Frau Schütz der Kragen: „Wird Ihr Mann für seine Arbeit bezahlt oder dafür, einen heterosexuellen Sohn zu haben?“ Erst drei Jahre später fanden sie Gleichgesinnte, bei der Befah (Adresse unten).

Die Angst, „Schuld zu sein“, hatten sie nie. „Unser Sohn war von Anfang an anders. Während seine Freunde Fußball spielten, wollte er ans Klavier und malte Blümchen. Der ist schon

Gabi Schütz weint noch heute, wenn sie erzählt, was sie ihrem Sohn an den Kopf geworfen hat – obwohl das zehn Jahre her ist. Sie spricht trotzdem darüber, um anderen zu zeigen, wie schwer Eltern das Coming-out fallen kann.

so geboren." Die Großeltern reagierten mit Tränen – und Schweigen. „Wir haben das Thema immer wieder angesprochen, bis sie anfingen zu verstehen." Je mehr die Eltern nach außen gingen, desto mehr Geheimnisse wurden ihnen anvertraut. Die einen hatten einen drogensüchtigen Sohn und wären froh gewesen, „nur" einen schwulen Sohn zu haben. Der Vater einer Familie mit vier Kindern hatte sich das Leben genommen, weil er mit seiner Homosexualität nicht klargekommen war. Die Nachbarin erzählte über den Gartenzaun hinweg, dass ihr Sohn „es" auch sei. „Hätten wir nicht darüber gesprochen, hätten wir das nie erfahren."

„Wenn die Zeitungen mal wieder Unwahrheiten verbreiten", schreiben Herr und Frau Schütz Leserbriefe. „Erst gestern ging's wieder um die schicken Westerwelles und Wowereits. Das macht mich richtig wütend", sagt Gabi Schütz. Obwohl sie immer mit Namen und Anschrift unterschreiben, bekam ihr Mann nie Probleme bei der Arbeit. Vor drei Jahren waren sie dann sogar im Fernsehen. Danach kamen viele auf sie zu und gratulierten. Seither fühlen sie sich richtig out.

Negative Erfahrungen machten sie kaum. Eine Frau, die Marc als „verkehrt herum" bezeichnete, bekam einen Brief, danach sagte sie nie wieder etwas Derartiges. Eine Freundin wetterte beim Tennis gegen eingetragene Partnerschaften: „Wir sind dagegen, das musst du akzeptieren." Aber das kann und will Gabi Schütz nicht. „Sie kennt meinen Jungen, seit er ein Baby war. Sie weiß, wie süß und liebevoll er ist." Das war das Ende der Freundschaft.

Sogar Kardinal Ratzinger bekam einen Brief (nachzulesen bei der Befah). Weil die Kirche sich nicht für ihren Sohn einsetzte, traten die Schütz' aus – obwohl der Vater aus einer streng katholischen Familie stammt. „Ich war früher äußerst konservativ", sagt Gabi Schütz. „Mich hat das Coming-out viel weltoffener gemacht."

Einmal fragte sie Marc dann doch: „Kannst du dir vorstellen, mal mit 'ner Frau zu schlafen?" Er antwortete: „Würdest du für mich mal mit einer Frau ins Bett gehen?" Da wurde ihr klar, was sie da eigentlich von ihm verlangte.

„Am meisten nervt mich die Unwissenheit", sagt sie. „Selbst die Lehrer erzählen immer noch das Märchen von der Verführung. Es müsste von Grund auf besser aufgeklärt werden." Wenn sie heute gefragt werden, ob ihr Sohn denn schon verheiratet sei, antworten sie: „Der hat einen Lebensgefährten." So wie auf der Schiffsreise damals. Da erwiderte das fragende Paar ganz erleichtert: „Unserer auch." „Das Problem ist, dass niemand darüber spricht", sagt Gabi Schütz. „Wenn alle offen damit umgehen würden, Schwule, Lesben, Eltern, Geschwister, Freunde, Angehörige ... dann wären wir keine Minderheit mehr."

Wenn sie heute zurückdenkt, wie schwer das für sie war, kann sie das gar nicht mehr verstehen. Und dass sie sich gewünscht hat, ihren Sohn zu hassen, damit sie ihn nicht lieben muss, verzeiht sie sich noch immer nicht – dabei ist dieser Satz doch eigentlich eine unglaubliche Liebeserklärung.

www.befah.de

Die Geschwister

Neben den Eltern steht eventuell das Coming-out vor den Geschwistern an. Da sie in der Regel weniger mit deinem Leben zu tun haben (es sei denn, ihr seid religiös verbandelt, s. Tobi, S. 90f), sollte es dir mit ihnen leichter fallen.
PS: Angehörige aller Art sind bei der Befah herzlich willkommen.

Die Verwandtschaft

Inwieweit du die Verwandtschaft einweihst, hängt davon ab, wie nahe dir die einzelnen Personen stehen. Sie zu schonen, sollte kein Argument sein. Ein befreundeter (heute) Transsexueller erzählte nach langem Zaudern seiner über 90-jährigen Großmutter von seinem Gefühl, eine Frau im falschen Körper zu sein, und sie antwortete: „Und ich hatte in meinem ganzen Leben noch keinen Orgasmus."
Ob man der im Sterben liegenden Mutter noch auf die Nase binden muss, dass man sich mit HIV infiziert hat, steht auf einem anderen Blatt. Das Prinzip ist immer das gleiche: Je mehr Menschen Bescheid wissen, desto offener kannst du leben.
Wer mit deinem Leben nicht klarkommt, wird sich ohnehin von dir fernhalten. Und ja, es tut weh, zu Familienfesten nicht eingeladen zu werden. Aber da lohnt sich dann auch mal die Frage an den Rest der Verwandtschaft: „Findet ihr es in Ordnung, dass ich ausgeschlossen werde, nur weil ich Männer liebe?"
Es gibt nicht für alles einfache Lösungen. Ein Bekannter von mir wurde zur Hochzeit des Bruders nicht eingeladen, weil die Familie der Braut Probleme mit dessen Schwulsein hatte.
Darauf kann man nun zu Recht mit Protest reagieren und sich von der Familie lossagen, die diese Diskriminierung duldet. Unterhaltsamer dagegen wäre es, mit einer Horde bester „Freundinnen" in Netzstrümpfen und Stöckeln der ohnehin meist superlangweiligen Hochzeitsfeier ein wenig Leben einzuhauchen. Im Sinne einer günstigen Entwicklung für alle Beteiligten würde ich jedoch eher dazu raten, Großmut zu beweisen und den engstirnigen Menschen Verständnis entgegenzubringen – ohne zu kuschen. Was heißt: Äußere deinen Unmut bzw. deine Verletzung (falls du so empfindest), mache auch deutlich, dass du ihre Entscheidung verurteilst, lasse den Dingen aber ansonsten ihren Lauf. Ein Familienfest dauert vielleicht einen Tag, ein paar Stunden deines Lebens. Lohnt es sich dafür, die ganze Familie zu opfern?

Das Coming-out geht auch immer mit einer Entblößung einher. Verletzlichkeit ist dabei natürlich. Trotzdem sollte man sich nie verletzen lassen.

COMING-OUT ALS HETERO?

Max möchte anonym bleiben, um die betroffenen Personen nicht zu verletzen. Im Leben ist er out.

„ICH KONNTE MIR LANGE KEINE BEZIEHUNG ZU EINER FRAU VORSTELLEN“

Den ersten sexuellen Kontakt hatte Max mit einem Mann – in der Klosterschule hatte ein Ordensbruder körperliche Nähe gesucht. Die erste Freundin kam mit 16. Kurz vor dem Abi hatte er Sex in der Sauna. Mit einem Mann. „Seine Erektion zu sehen, hat mich erregt."

Max verliebte sich, aber die erste Liebesgeschichte endete traurig. Der andere hatte schon eine Beziehung, und „ich konnte nicht begreifen, dass er nicht mit mir leben wollte."

Max aber wollte fortan einen Mann lieben. Doch die erste Beziehung hielt nicht, weil Max noch studierte und einem ganz anderen Lebensrhythmus folgte als sein bereits im Arbeitsleben verankerter Partner. Dann lernte er Martin kennen und verliebte sich wie in den Ersten. Er führte Martin in die Familie ein – „alle schlossen ihn ins Herz, und keiner hat sich an meinem Schwulsein gestört" –, sogar manche Arbeitskollegen lernten ihn kennen.

Aber die Beziehung entwickelte sich nicht wie erhofft: Im Laufe der Jahre nahm die erotische Spannung ab, beide suchten die sexuellen Bedürfnisse außerhalb zu befriedigen. Max fand das am Anfang zwar spannend, aber obwohl es seiner Liebe zu Martin keinen Abbruch zu tun schien, konnte er sich nicht vorstellen, den Rest seines Lebens so weiterzumachen.

Als Max seine erste richtige Stelle bekam, begegnete ihm Kathrin. „Anfangs war das rein platonisch." Kathrin lernte Martin kennen, Max wiederum Kathrins Freund. Aber im Laufe der

Monate verbrachten Max und Kathrin immer mehr Freizeit miteinander. „Mein Bedürfnis, sie zu berühren, wuchs", eine Affäre bahnte sich an: ab und zu Sex, „aber immer in dem Wissen, dass nichts Festes daraus werden kann. Weder hab ich meine Homosexualität in Frage gestellt, noch hat sie versucht, mich aus der Beziehung zu lösen."

Während eines Urlaubs kam es dann zum Eklat, und Max bezog zum ersten Mal Stellung. „Ich hatte lange Zeit Angst davor, so ein Leben zu führen. Im Alltag an der Seite der Frau und Sex mit Männern am Wochenende. Zwischen die Welten zu geraten. Das hab ich immer als unehrlich empfunden."

Aber seine Gefühle waren stark, er kam zu dem Schluss, dass er es probieren muss, und zog zu Kathrin. „Ich dachte mir, je näher wir uns sind, desto schneller wird sich herauskristallisieren, ob das eine Zukunft hat."

Max, 32, lebte schwul, sein langjähriger Lebensgefährte war vollständig in sein Leben integriert. Dann, zehn Jahre nach seinem Coming-out, verliebte sich Max in eine Frau.

Seine Angehörigen reagierten mit Skepsis. Für sie war Max seit zehn Jahren schwul – abgesehen davon, dass sie den Verlust von Martin betrauerten. „Sie waren weit davon entfernt, meine ‚Verwandlung' gutzuheißen." Die schwulen Freunde verlor er fast alle. Sogar seinen wohl besten, was ihn auch zweieinhalb Jahre danach noch schmerzt. „Manche glaubten, ich mache jetzt auf sozial angesehen. Erst die feste Stelle, dann die Gattin." Aber das wurde ihm nur hintenrum zugetragen. Intolerant hat er die schwule Welt erlebt, und das hat sie für ihn entzaubert. Berührungsängste vermutet er dahinter, „alles, was abweicht, ist unerwünscht." Das hat ihm die Auseinandersetzung mit seinen Gefühlen nicht gerade leichter gemacht. „Ich wollte verstehen, wie ich mich einordnen kann." Nach Schubladen hat er gesucht, aber keine gefunden, in der er sich wohl fühlt.

„Zwischen die Welten" hat Max sich seither nicht begeben. „Männer gefallen mir immer noch", aber der Sex mit ihnen fehlt ihm nicht. „Die Sexualität mit einer Frau hat eine andere Intensität, beide sind kaum zu vergleichen."

Dass er eines Tages wieder Verlangen nach einem Mann verspüren wird, dessen ist er sich sicher. „Aber ich habe es für mich nicht als glücksbringend erlebt, jedem Reiz nachzugeben. One-Night-Stands sind mal prickelnd, aber letztlich bleiben sie langweilig, reine Lustbefriedigung mit einem schalen Gefühl danach."

Den viel beschriebenen Unterschied im Alltag zwischen dem Leben mit Mann oder Frau kann er nicht nachempfinden. „Einkaufen, kochen, abspülen, das funktioniert zwischen Kathrin und mir genau so wie zwischen mir und Martin."

Verwende deine Energie stattdessen lieber darauf, Mitgefühl für den Bruder zu entwickeln, der eine Frau heiratet, deren Familie ein Problem mit Homosexualität hat. Armer Kerl!

Die Arbeitskollegen

Wer den Mut hat, sollte schon gleich beim Vorstellungsgespräch die Ansage machen, dass er schwul ist. Früher oder später wird es ohnehin Thema werden (beim jährlichen Würstelbraten, zu dem die Partnerinnen eingeladen werden, oder beim Betriebsausflug mit Hafenrundfahrt in Hamburg, auf dem sich ein Grüppchen zur Reeperbahn absetzt und du erklären musst, warum du gerade keine Lust hast, irgendwelchen Tittenmonstern, die auf deinem Tisch herumspringen, Geldscheine in die Muschi zu stecken), und dann hast du es mit dem Chef im Rücken leichter.

Wie steht es mit einem Generalouting?

Möglichkeiten, sich gleich einer ganzen Menge Menschen gegenüber zu outen, gibt es zur Genüge: in Reden („Ich bin schwul, und das ist gut so"), Zeitungsinterviews (Ralph, S. 76f), oder indem man sich, wie Marc (S. 142f) vor die Klasse stellt. Der Schritt erfordert sehr viel Selbstbewusstsein oder eine gehörige Portion Drogen.
Der Vorteil ist, dass es auf diese Weise gleich jede Menge Menschen erfahren. Nachteilig könnte sich auswirken, dass gerade dir nahe Stehende sich auf den Schlips getreten fühlen könnten, weil du es ihnen nicht persönlich gesagt hast.

In der Öffentlichkeit

Dass es nicht überall gut ankommt, wenn zwei Männer einander an der Hand halten, ist zwar schade, aber ziemlich wahr. Und ich persönlich verzichte einfach in bestimmten Momenten darauf, meinen Mann in der Öffentlichkeit zu küssen, weil ich keine Lust habe, einen Skandal zu provozieren.
Du findest es traurig, dass ich keinen besseren Tipp auf Lager habe? Ich auch. Das Leben ist nicht gerecht. Es gibt Menschen, denen man besser aus dem Weg geht. Ich nehme das nicht als Diskriminierung. Für Frauen ist es schon lange selbstverständlich, nicht allein durch dunkle Straßen zu tapern oder in einsamen Tiefgaragen zu parken. Und ich bewundere Schwule, die aufgetakelt in Türkenvierteln herumschwuchteln. Die Frage ist nur, wem ist

damit gedient, dass du verkloppt wirst? Wenn du meinst, damit etwas zu bewegen, bitte. Wenn es dir selbst gut tut (weil du seltsamen Neigungen hast), bitte. Ansonsten achte darauf, in welchem Umfeld du dich bewegst, und verhalte dich dementsprechend.

Wie mit Pöbeleien umgehen?

Wirst du angepöbelt, ist es das Beste, nicht darauf einzugehen. Überhöre es am besten und gehe deinen Weg. Wenn du allerdings merkst, dass jemand oder mehrere hinter dir her sind und deine Fluchtmöglichkeiten schlecht stehen, ist es besser, dem Feind ins Auge zu blicken. Dreh dich um und bleib stehen. Wenn du genug Mut beweist, hast du in jedem Fall bessere Chancen, als wenn du von hinten überfallen wirst.

Sind Menschen in der Nähe, sprich sie direkt an, dann ist es schwieriger für sie, sich der Situation zu entziehen. „He, Sie da mit der roten Jacke. Rufen Sie bitte die Polizei." Zähle nicht darauf, dass jemand von sich aus auf die Idee kommt, dir zur Seite zu springen.

Wie mit Pöbeleien fertig werden?

Wirst du tatsächlich einmal verkloppt, melde es umgehend dem schwulen Überfalltelefon, lass dich beraten und vor allem: SPRICH DARÜBER! Es ist keine Schande, von Idioten angegriffen zu werden, aber es kann schwerwiegende Konsequenzen für dich haben, wenn du versuchst, es zu verdrängen, d.h. alleine damit fertig zu werden. Zudem helfen gemeldete Übergriffe klarzumachen, dass etwas unternommen werden muss, angefangen von mehr Streifenfahren bis zu mehr Aufklärung in den Schulen.

Denk daran, immer wenn du Demütigung erfährst, ob nun aufgrund deiner sexuellen Orientierung oder aus anderen Gründen, musst du Schritte unternehmen, dieser Demütigung zu begegnen, weil sie sonst an deinem Selbstwert nagt wie der Holzwurm an den Grundpfeilern deines Selbstverständnisses. Dazu gehört unweiger-

DU SOLLTEST UNBEDINGT HILFE IN ANSPRUCH NEHMEN, WENN ...

- du angebrüllt wirst.
- du eingeschüchtert wirst.
- dir Prügel androht werden.
- du tatsächlich geschlagen wirst.
- dir überhaupt gedroht wird.
- du dich emotional oder körperlich erniedrigt fühlst.
- dir verboten wird, so zu sein, wie du bist.
- du lächerlich gemacht wirst.
- du zum Sex mit dem anderen Geschlecht. gezwungen wirst.
- dir Sex verboten wird.

lich das Gespräch mit Menschen, die dir behilflich sein können. Mutige (schwule) Freunde sind immer eine gute Adresse. (Schwule) Beratungsstellen sind auch telefonisch erreichbar – falls sie für dich physisch außer Reichweite sind.

Wer dir helfen kann

Wenn du trotz all dieser Tipps mit deinem Coming-out nicht zurechtkommst, kannst du dich unabhängig vom Thema immer an die schwulen Beratungsstellen wenden, weil sie Adressen und Telefonnummern von Spezialisten haben, bei denen du vielleicht besser aufgehoben bist (Ärzte für HIV, Psychologen für Transgenderthemen, Vätergruppen für schwule Väter ...).

Für das schwule Coming-out

Daneben gibt es gerade für junge Menschen noch andere Möglichkeiten, Unterstützung zu finden. Wie vertrauenswürdig sie sind, musst du selbst entscheiden. Klassenlehrer, Vertrauenslehrer, Sozialarbeiter, Freunde, Großeltern oder selbst kirchliche Vertreter. Wenn du aufgrund deiner sexuellen Orientierung körperliche Gewalt erfährst, sind Hausärzte die ersten Adressaten, denn sie müssen deine Verletzungen zumindest schon mal dokumentieren.
Lebst du noch mit den Eltern unter einem Dach, ist das Jugendamt zuständig. Jugendämter finden sich nicht nur in Großstädten, sondern auch in jedem Landkreis. Im Notfall kann dir jede Polizeidienststelle bei der Suche nach der für dich zuständigen Stelle helfen und Kontakt zum Bereitschaftsdienst herstellen.
Das Jugendamt ist verpflichtet, dich zu beraten, ohne deine Eltern davon in Kenntnis zu setzen, wenn du das wünschst. Du darfst auch eine Person deines Vertrauens mitnehmen (Freund, Lehrer ...).

Das Jugendamt wird dich über deine Möglichkeiten und Rechte aufklären. Du kannst auch bitten, dass ein Vertreter des Jugendamts dein Coming-out-Gespräch begleitet. Falls das Leben mit deinen Eltern nicht mehr tragbar ist, falls dir Gewalt oder Einschüchterung drohen, vermittelt dir das Jugendamt eine Unterkunft bei Verwandten, eine eigene Wohnung oder einen Platz in einer geeigneten Wohngemeinschaft. Diese kurzfristige Unterbringung wird Inobhutnahme genannt. Notfalls berufe dich auf das Sozialgesetzbuch, 8. Buch, Paragraph 1:

RECHT AUF ERZIEHUNG, ELTERNVERANTWORTUNG, JUGENDHILFE

(1) Jeder junge Mensch hat ein Recht auf Förderung seiner Entwicklung und auf Erziehung zu einer eigenverantwortlichen und gemeinschaftsfähigen Persönlichkeit.
(2) Pflege und Erziehung der Kinder sind das natürliche Recht der Eltern und die zuvörderst ihnen obliegende Pflicht. Über ihre Betätigung wacht die staatliche Gemeinschaft.
(3) Jugendhilfe soll zur Verwirklichung des Rechts nach Absatz 1 insbesondere ...

1. junge Menschen in ihrer individuellen und sozialen Entwicklung fördern und dazu beitragen, Benachteiligungen zu vermeiden oder abzubauen.
2. Eltern und andere Erziehungsberechtigte bei der Erziehung beraten und unterstützen.
3. Kinder und Jugendliche vor Gefahren für ihr Wohl schützen.
4. dazu beitragen, positive Lebensbedingungen für junge Menschen und ihre Familien sowie eine kinder- und familienfreundliche Umwelt zu erhalten oder zu schaffen.

Solange nicht wirklich Anlass dazu besteht, solltest du jedoch immer erst mal klein anfangen. Gleich die Polizei einzuschalten, wenn du andere Anlaufstellen noch nicht bemüht hast, wirft kein gutes Licht auf dich. Und stell dir vor, wie deine Eltern dastehen. Gerade in kleineren Ortschaften, in denen man einander kennt.

www.mit-dir-projekt.de

In Erfurt gibt es ein Wohnprojekt, www.mit-dir-projekt.de, in dem du Unterschlupf findest, wenn du aufgrund deiner sexuellen Orientierung oder geschlechtlichen Differenzen vor deinen Eltern oder einer Einrichtung Schutz suchst. Voraussetzung dafür ist, dass du mindestens 15 Jahre alt bist.

Ehemänner

Bist du verheiratet und macht dir deine Frau üblen Druck, bist du bei den schwulen Ehemännern gut aufgehoben (du bist nicht allein!), die kennen bestimmt einen guten Anwalt. Adressen im Anhang.

HIV-Positive

Als HIV-Positiver ist natürlich erstmal dein Hausarzt ein Gesprächspartner. Sollte der allerdings keine Ahnung von HIV und Aids haben, solltest du dich unbedingt – und das meine ich auch so UNBEDINGT – an jemanden wenden, der darauf spezialisiert ist. Es geht um nicht weniger, als um dein gesamtes künftiges Leben. Die falsche Therapie – weil dein Wald- und Wiesenarzt ein paar Euros verdienen möchte – kann ziemlichen Schaden anrichten.

Transidentitäten

Speziell alle Fragen zur Trans- und Inter- und sonstigen Sexualität gehören in die Ohren von Spezialisten. Die besten sind immer die Betroffenen selbst. Alle anderen, die in der Uni mal 'nen Kurs darüber belegt haben, sind bestenfalls dazu geeignet, schlaue Beiträge für noch schlauere wissenschaftliche Abhandlungen zu schreiben.

Coming-in

Nur ehemalige Homosexuelle, die sich plötzlich mit Frauen einlassen, haben die Arschkarte gezogen, denn trotz aller Recherche habe ich noch keine Anlaufstelle gefunden, die sich dafür zuständig fühlt.

Eltern

Eltern, die mit der Sexualität, der gefühlten Geschlechtlichkeit oder dem Immunstatus ihres Sohnes nicht fertig werden, sollten sich unbedingt mit anderen Eltern austauschen, die sich in einer ähnlichen Situation befinden. Kontakte zu Gruppen bekommt man über www.befah.de.

ZUSAMMENFASSUNG

Nun, da du mit dem Prinzip des Coming-outs vertraut geworden bist, wirst du erkennen, dass wir diesen Prozess (aus: sich selbst wahrnehmen, Informationen sammeln, sich unterstützen lassen, identifizieren und annehmen) ständig durchlaufen (bei der Entscheidung für oder gegen einen Partner, bei der Berufswahl, beim Autokauf) –
Nur selten sind die Fragen, die wir uns dabei stellen müssen, so existenziell, haben die Entscheidungen so tief greifende Auswirkung auf unser Leben wie beim sexuellen Coming-out. Es wirkt wie ein Vergrößerungsglas auf einen essentiellen Lebensprozess.
Wenn du das Coming-out in der Hoffnung vollziehst, von anderen akzeptiert zu werden und nie wieder Probleme mit deiner Sexualität zu haben, dann wirst du immer wieder Enttäuschung erleben. Wenn du dein Coming-out dagegen als eine Herausforderung betrachtest, begibst du dich auf eine aufregende Reise.
Es geht im Leben nicht darum, an einen Ort zu kommen oder einen Zustand zu erlangen, an dem alles perfekt läuft. Diese Erwartungshaltung macht uns das Leben zur Hölle.
Neugier und Offenheit dagegen sind die besten Voraussetzungen für Wachstum.

„[Heimat] beschreibt weniger einen Ort
als vielmehr eine Aufgabe", Christoph Stölzl

UNTER SCHWÄNEN

Out & Proud

Wie ich bereits sagte, ist das Coming-out nicht mit dem Tag abgeschlossen, an dem du der Welt offenbart hast, dass du schwul, bi, HIV-positiv bist oder eine Geschlechtsumwandlung vornehmen lassen willst. Zum Coming-out gehört es auch, zu leben, was man ist. Das wollen wir uns in diesem Kapitel am Beispiel Homosexualität ansehen.

Wie ist man eigentlich richtig schwul?

Dass zum Schwulsein mehr gehört, als Sex mit Männern zu haben bzw. sich in das gleiche Geschlecht zu verlieben, ist klar. Aber was genau?

„Muss ich jetzt tuntig sein?"

Ja, und zwar genau dann, wenn du dich tuntig fühlst – nur besser nicht in Gesellschaft schwulenfeindlicher Neonazis. Heißt andererseits nicht, dass du von allen dafür geliebt wirst. Scheiß drauf! Sei wer du bist!
Wenn du die schwule Welt näher kennen lernst, wirst du feststellen, dass zwar HOMO draufsteht, aber keineswegs homo drin ist. Ich spreche von homogen. Es gibt zahlreiche Gruppierungen: Tunten, Ledermänner, Uniformfetischisten, Skinheads, schwule CDU-Wähler, Uschi-Glas-Fans, Barebacker, Arschlecker, Arschkriecher (beides wörtlich gemeint), Schwüslis (schwule Müsli-Esser) – und die einen können die anderen nicht ausstehen, ja bekriegen sich sogar. Zum Beispiel stellt sich in vielen Landeshauptstädten dieser Republik alljährlich die Frage, wer die CSD-Parade anführen darf. Die Ledermänner? Wollen wir, dass sie die ganze Gemeinde repräsentieren? Die aufgetakelten Tunten sind zwar lustig anzuschauen, aber in der Öffentlichkeit? Die Lesben, nein auf keinen Fall *kreisch*! Oder etwa die HIV-Positiven, wo dann womöglich solche mitmarschieren, die von jahrelanger Medikamenteneinnahme gezeichnet sind? Ein Schleifchen zum Weltaidstag steckt man sich ja gerne mal an, aber das wird doch im Fernsehen übertragen ...
Was ich sagen will: Es wird immer Menschen geben, die aufschreien, weil du dich auf eine Art und Weise verhältst, die ihnen nicht passt. Noch mal: Scheiß drauf! Sei du selbst! Das ist das Beste, was du zu bieten hast.

„Darf ich auch männlich sein?"

Ich würde jetzt die Kamera auf eine belebte Fußgängerzone schwenken, das Bild anhalten und alle Homos farbig hervorheben – lach nicht, die von der CIA können so was! Wenn ich dann jedes einzelne Gesicht ranzoome, würdest du schwule Manager erkennen, schwule Politiker, schwule Bauarbeiter, schwule Fließbandarbeiter, schwule Frisöre (ach!), und – ja, auch auf die Gefahr hin, dass es dir deine Illusionen nimmt – auch ein Penner wird dabei sein, der schwul ist.
Sei so männlich wie du bist. Schauspielern dagegen ist doof und kann schrecklich auf die Nerven gehen.

Ralf König, Comiczeichner, erreicht mit seinen Comics, von denen einige verfilmt wurden, ein Publikum weit über schwule Grenzen hinaus. Mit trockenem Humor nimmt er schwule Klischees unter die Lupe und scheut sich nicht, Homosexuelle selbst auf die Schippe zu nehmen. www.ralf-koenig.de

„Muss ich jetzt ins Fitnessstudio?"

Wer schwule Magazine blättert, wird nur in extremen Ausnahmefällen auf Körper stoßen, die nicht getrimmt, poliert und frisiert sind. Das erweckt bei Außenstehenden schnell den Eindruck, dass alle Schwulen regelmäßig Gewichte stemmen. Weit gefehlt.

„Wie gehe ich jetzt mit Frauen um?"

Nun, du kannst natürlich nur jene Gefühle zu Frauen haben, die du hast. Sollten die sehr negativ sein („Iiih, ein Fisch!"), würde es dir nicht schaden, mal darüber nachzudenken. Es gibt keinen Grund für Berührungsängste. Ganz doof ist die pauschale Ablehnung von Lesben. Ja, es gibt doofe Lesben. Und doofe Schwule. Und doofe Heten. Aber deshalb muss man nicht ganze Menschengruppen aus seiner Wahrnehmung streichen.

„Sollten alle eine Gabi haben?"

Viele schwule Singles haben eine beste Freundin. Das ist ganz großartig. Man ist immer füreinander da, hat jemand, der einem beim Parfümauswählen über die Schulter guckt und muss abends nicht allein ins Kino. Schwierig wird es dann, wenn man sich in der Freundschaft versteckt. Deine beste Freundin kommt in Männerkneipen ja in der Regel nicht rein.

„Was ziehe ich bloß an?"

Es ist ganz normal, dass man am Anfang anderen auf die Klamotten guckt. Man will dabei sein, akzeptiert – besser noch bestaunt – werden. Wenn du aber merkst, dass du eigentlich ganz anders herumlaufen willst, tu das! Oft fallen genau jene auf, die aus der Reihe tanzen.

BIN ICH EIGENTLICH SCHWUL, GAY ODER QUEER?

„Schwul" war ursprünglich eine Negativbetitelung, die durch die Schwulenbewegung der letzten 30 Jahre an Schärfe verloren hat. Obwohl sich heute viele männliche Homosexuelle selbstbewusst als schwul bezeichnen, zählt es jedoch zum Beispiel auf Schulhöfen immer noch zu den übelsten Schimpfwörtern.
„Gay" und „queer" stammen aus dem Englischen. Die ursprüngliche Bedeutung von „Gay" war „vergnügt", „lebenslustig", „bunt", heute wird gay nur mehr im Zusammenhang mit Homosexualität verwendet. „Queer" dagegen heißt so viel wie „eigenartig", „komisch", „seltsam", und wird in dieser Bedeutung auch immer noch verwendet. Während „gay" sich ausschließlich auf Homosexuelles bezieht (Männer und Frauen Betreffendes), ist queer ein Überbegriff für alle Andersfühlenden geworden, die sich nicht in das heteronormative Korsett zwängen lassen wollen, also Schwule, Lesben, Bisexuelle, Transvestiten, Transsexuelle und alle anderen Spielformen der Sexualität.
Politisch gesehen ist es sinnvoll, sich als queer zu bezeichnen (und fühlen zu lernen), weil dadurch aus den kleinen Süppchen, die jede einzelne Gruppe für sich kocht, einmal ein großer Topf werden könnte und mehr gleiche Rechte für „Ungleiche" entstehen könnten. Ohne Zweifel gilt: „Gemeinsam sind wir stark" – zumindest stärker als jeder kleine Popel für sich.
Auch auf persönlicher Ebene hat die viel größere Schublade „queer" Vorteile: Man gewinnt einen größeren Spielraum. Als Schwuler darf ich nur mit Männern rummachen, als Queer darf ich mit allen rummachen. Queer ist nicht so negativ besetzt wie schwul, es klingt verwegen statt ausgrenzend. Queer hat zudem etwas Cooles. „Ich bin nicht schwul, sondern queer" klingt ein wenig wie „Ich bin nicht spießig, ich bin cool. Schwul sind nur die Alten. Ich bin jung und hip."
Der Nachteil ist, dass man sich hinter diesem Wörtchen auch verstecken und damit sich selbst etwas vormachen kann: „Ich schlafe zwar nur mit Männern, aber schwul bin ich nicht, sondern queer."

Manche Schwule halten sich von Frauen fern. Andere geben ihre beste Freundin selbst nicht mal für den Partner auf.

„Ist der Bart zu lang?"

Männer mit Bart sind spätestens seit den späten 80ern passé. So dermaßen passé, dass sich Bartträger und ihre Freunde sowie so genannte Bären (was das genau ist, kannst du in *Der Bärenkult. Das Tier im Mann!* nachlesen) zu eigenen Veranstaltungen treffen und Organisationen gründen, nur um sich mit sich selbst und miteinander wohl fühlen zu können/dürfen. Auch dies ist weniger ein Trend oder eine Mode, sondern der Wunsch nach Uniformität. Im Rest der Szene wird Nacktheit und Unbehaartheit großgeschrieben, so sehr, dass sich die Frage stellt: Ist diese zwanghafte Nacktheit/Sauberkeit vielleicht gar Ausdruck eines Anpassungswunsches?

„Muss ich mit der alten Welt brechen?"

Im Gegenteil. Wahre schwule Emanzipation findet dann statt, wenn sich die Grenzen auflösen. Sich im Getto wohl fühlen, das kann jeder. Schwul unter Heteros zu sein, ist eine weit größere Herausforderung. Du willst Beispiele?

Der Alltag ist schwul

Pedro Almodovar, preisgekrönter spanischer Filmemacher, thematisiert immer wieder die Homosexualität in seinen Filmen. Die ewige Suche nach Nähe zwingt seine exaltierten Charaktere manchmal zu sehr drastischen Mitteln wie in Fessle mich! www.almodovar.de

Es ist heute immer noch so, dass Heteropaare, die etwas auf sich halten, schwule Freunde oder zumindest Bekannte haben, die immer mal eingeladen werden. „Mei, sind die nett", heißt es dann am Abend danach, wenn die Heteros wieder unter sich sind. „Und so gepflegt. Und zuhören können die ..."
In der Öffentlichkeit wird es passieren, dass Menschen dich begucken, nur weil du deinem Freund die Zunge in den Hals steckst. Und auf der Arbeit kann es schon sein, dass deine Kollegen und Kolleginnen die Köpfe zusammenstecken und tuscheln, wenn du an ihnen vorbeiläufst.
Das muss nicht zwangsläufig diskriminierend sein. Es kann auch Neugier auf das Unbekannte oder Ungewöhnliche sein, vielleicht sogar Respekt vor deinem Mut, offen zu leben. Deshalb ist es besser, nicht beleidigt zu reagieren, dich nicht empört in dein Schneckenhaus zurückzuziehen und mit den Türen zu schlagen.

Sei selbstbewusst! Lächle sie an! Zeig dich! Teile dein Glück!
Und ja, manchmal bist du ein ganzer Zoo für deine Umwelt.

„Ein Homo-Sexueller!"

Auch wird es immer mal wieder passieren, dass jemand dein Schwulsein auf deine sexuelle Orientierung reduziert und dabei ganz übersieht, dass du nicht nur einen Schwanz, sondern auch ein Herz hast. Mit Sicherheit werden dich zumindest Blicke treffen, wenn das Wort „warm" in der Konversation auftaucht oder „Ufer". Aber du musst zugeben, dass sich Schwule ja auch hervorragend anbieten, um darüber zu lachen. So wie Blondinen, Ostfriesen, Bayern, Hausfrauen ...

Natürlich kann das unangenehm sein, um nicht zu sagen lästig, aber Hand aufs Herz: Geht es uns nicht allen so? Am besten, du hast einen richtig deftigen Schwulenwitz parat (s. das Witzebuch für Schwule, *Kam ein Schwuler beim Arzt*), der den anderen die Schamröte ins Gesicht treibt.

Andy Bell, Frontman von Erasure nach seinem Coming-out als HIV-Positiver. „Ich habe vor allem mir selbst eine riesige Last von den Schultern genommen. Insgesamt fühle ich mich entspannter, ich gehe nicht mehr so viel aus und nehme keine Drogen mehr." www.erasure.de

Meine geliebten Vorurteile

Sehr viel schwieriger wird es, wenn deine eigenen Vorurteile zurückkommen. Die haben so eine heimtückische Art, sich zu tarnen. Dich selbst findest du zwar okay, aber diese tuckigen Tunten sind widerlich. Oder die ekligen Dicken. Und warum müssen sich Schwule ficken lassen? Die haben sich nicht emanzipiert, die sind in Frauenrollen gefangen. Und Ledermänner sind alle Schweine.

Anstatt Figuren, die aus dem Rahmen fallen (ob nun durch besonders weibisches – „tuntiges" – Auftreten oder besonders männliches – „butches"), zu belächeln, was in allen Gesellschaftsschichten und Randgruppen opportun ist, bewundere sie für ihren Mut. Mut das zu leben, was sie fühlen. Genau der zu sein, der sie zu fühlen meinen – auch wenn es gegen die Norm verstößt (solange sie keinem anderen mit ihrem Verhalten schaden). Bestaune sie, applaudiere ihnen und schneide dir eine Scheibe davon ab.

Genau genommen müssten wir ihnen sogar dankbar sein. Immer jene, die aus dem Rahmen fallen, bewirken am meisten. Weil sie am meisten auffallen. Weil sie, oft durch ihr Noch-mehr-anders-sein-als-andere größeres Selbstbewusstsein entwickeln als der durchschnittliche Schwule, der ein gelassenes Großstadt-Coming-out hingelegt hat.

Nicht zuletzt wurde die erste Flasche von der Transfrau Sylvia Rivera geworfen, was 1969 zu den Aufständen um das Stonewall Inn führte und die schwule Emanzipationsbewegung begründete.

Von etwas, das du ablehnst, kannst du nichts lernen. Von etwas, das du neugierig betrachtest und erforschst, dagegen schon. Sei aufmerksam für die verurteilenden Tendenzen in dir, denn mit jedem anderen, den du verurteilst, verurteilst du auch ein Stück weit dich selbst.

Wenn man schon schwul ist, sollte man nicht auch noch auffallen

Dies ist eine weit verbreitete Strategie unter Schwulen. Aber warum sollten wir weniger auffallen dürfen als Heteros? Manchmal scheint es mir, dass Schwule annehmen, sie würden sich mit ihrer Homosexualität bereits ein besonderes Recht herausnehmen und mehr sei nicht drin. Scheiß drauf und trau dich, der zu sein, der du bist. Klar, wird das manchen gegen den Strich gehen. Ihr Pech.

Schwul – na und?

Ernie Reinhardt, Schauspieler und Travestiekünstler, moderierte als Lilo Wanders in Frauenkleidern zehn Jahre lang die Sex-Fernsehsendung Wa(h)re Liebe. Reinhardt ist bisexuell und lebt zusammen mit den Kindern bei seiner Frau.

Der gleichnamige Titel eines der ersten Coming-out-Ratgeber (Autor: Thomas Grossmann) war lange Zeit das Lebensmotto der Schwulen, mit der sie sich in den 70er und 80er Jahren in einer überwiegend heterosexuellen Gesellschaft behaupteten. Inzwischen ist der § 175 abgeschafft, zumindest „eingetragene Partnerschaften" sind möglich, ein „Antidiskriminierungsgesetz" auf dem Weg. Ist dieses Motto, das lange Zeit wichtig war, heute, da Schwulen das Anderssein nur noch selten einen Mitleidsbonus einbringt, noch angemessen?
Dieses „Na und?" hat einen Beigeschmack von „Ist doch egal, ob man schwul oder heterosexuell ist". Aber ist das denn wirklich so? Unterscheiden wir uns von unseren heterosexuellen Brüdern tatsächlich nur darin, dass uns ein Schwanz zwischen den Lippen lieber ist als Möpse?
Ich will gar nicht davon sprechen, um wie viel leichter es einem schwulen Mann fällt, in der U-Bahn zu stricken als einem Hetero, dass „wir" in der großen Runde schon mal Kochrezepte austauschen und uns dennoch der Zugang zu Fußballstadien oder Autowerkstätten nicht verwehrt bleibt, von den vielfältigen – nahezu kostenlosen! – Möglichkeiten Sex zu haben (um die uns die Artgenossen maßlos beneiden) einmal abgesehen.

Wir sind wie Heteros, nur ein bisschen anders

Es gibt einiges mehr, das Homos von den Heteros unterscheidet: Früher oder später sitzen wir mit einem Coming-out-Ratgeber in

Leck mich! Eine Haltung hinter der man seine Unsicherheit glänzend verstecken kann.

der Ecke und beginnen die Reise nach innen. Sicher führt sie nicht bei jedem automatisch zur Erleuchtung, aber zumindest einen Anfang muss jeder machen. Dieser Zustand der inneren Verwirrung und erneuten Identitätsfindung bleibt nicht mal der verklemmtesten Klemmschwester erspart.
Kriegen wir das auf die Reihe, können wir diesen Zustand in eine erfüllte schwule Selbstverständlichkeit überführen und werden wir zu besseren Menschen. Nicht unbedingt zu besseren gegenüber denen, die kein Coming-out durchmachen, aber gegenüber uns selbst ohne das Coming-out.

Michael Cunningham, Bestsellerautor und Drehbuchschreiber, der offen homosexuell lebt, sagt: „Sei sichtbar. Deine politischen, religiösen oder anderen Überzeugungen sind mir egal, aber sei out. Jederzeit, überall, mit jedem." www.michaelcunninghamwriter.com

Schwulsein prägt. Oder wie der Künstler Rolant deBeer das ausdrückt, wenn er gefragt wird, was an seinen Gemälden (Tulpen und Gesichter) schwul ist: „Meine Perspektive. Indem ich offen schwul lebe, betrachte ich die Welt wie durch eine rosa Brille. So beobachte ich Männer, Frauen, Kinder anders als ein heterosexueller Mann. Und am Anfang jeder künstlerischen Schöpfung steht nun einmal die Beobachtung."
Bestsellerautor Michael Cunningham sagt, dass man an Thomas Manns neurotisch moderner Art zu schreiben erkennen kann, dass er ein schwuler Mann war, der sein Coming-out nicht geschafft hat.
Schwule erfahren die Welt zweifellos anders, und das hat ganz maßgeblichen Einfluss auf unsere Gedanken, Reaktionen und Verhaltensweisen, darauf, wie wir unser Leben organisieren und was wir daraus machen.
Schwulsein wird einem nicht in die Wiege gelegt, das muss man sich hart erarbeiten. Wir müssen eine „Wahlfamilie" (aus Freunden, Lebensgefährten und Ex-Partnern) aufbauen, die zu einem tragfähigen Netz bei Freud und Leid werden – wie es bei Heterosexuellen in der Regel die Verwandtschaft leistet.
Die schwule Welt hat ihre eigenen Normen, z.B. in Sachen Sex. Schwule pflegen ihren eigenen Sprachcode, der nicht selten Klischees aufgreift und ironisiert. Schwule haben besondere Vorlieben bei Filmen, Musik und im Showbusiness.
Nutze die Möglichkeiten und beschäftige dich mit schwuler Kunst, schwuler Kleinkunst, schwuler Literatur, und du wirst den Unterschied kennen lernen. Auch das wird dich dabei unterstützen, ein schwules Selbstwertgefühl aufzubauen.

Schwulsein ist nicht abendfüllend

Ja, es stimmt. In deutschsprachigen Ländern droht keinem Schwulen mehr das Konzentrationslager, wir müssen nicht mehr ums

Überleben kämpfen, und es scheint noch nicht mal der dringende Bedarf zu bestehen, für mehr Rechte einzutreten.
Zumindest für die Mehrzahl der Homosexuellen, die in den Großstädten leben, ist Schwulsein kein Thema mehr. Richtig böse Feinde kommen augenblicklich kaum zu Wort. Offen schwul lebende Politiker und andere Prominente stärken der Community direkt und indirekt den Rücken.
Also „Schwul – na und?“? Aber sollen wir uns deswegen mit dem Onanieren begnügen? Oder wäre es nicht sinnvoller, diese Epoche, in der so vieles möglich ist, zu nutzen ... um an unserem Selbstverständnis zu arbeiten ... um die Szene zu dem zu machen, was wir haben wollen ... um einzuschließen statt auszuschließen? Schon aus dem Überlebensgedanken heraus ist es sinnvoll, eine möglichst große Community zu schaffen. Je größer sie wird, desto schwieriger wird es, uns unsere Recht wieder abzuknöpfen. Aber nicht nur deswegen. Wir können auch voneinander lernen. Schwule sollten sich nicht damit begnügen, schwul zu sein. Sich mit Genderfragen auseinander zu setzen kann sehr gewinnbringend sein. Es reicht nämlich nicht, wenn Szeneblätter sich zwar „queer“ auf den Titel schreiben, aber inhaltlich die „Randgruppen“ außen vor lassen. Und ein Thema, das uns alle (Schwule, Lesben, Transleute, HIV-Positive ...) mal beschäftigen wird, ist das Leben im Alter.

WIE MAN ANDERE KENNEN LERNT

- In Coming-out-Gruppen bei den Beratungsstellen: Eine Übersicht über Gruppen in Deutschland findest du auf www.comingouthelp.de, dort auf support klicken und schließlich auf Jugendgruppen
- In Sport- oder anderen Interessengruppen (findet man übers Internet oder in den örtlichen Stadtmagazinen)
- In den einschlägigen Kneipen (achte auf die Regenbogenfahne)
- Auf Partys und Events (s. Kapitel Adressen)
- Im Internet: dbna.de, funkyboys.de, seidu.de, gayromeo.de ...
- Auf Reisen mit schwulen Veranstaltern, z.B. www.maenner-natuerlich.com
- Über Kontaktanzeigen in Zeitungen oder im Internet
- Auf der Straße, im Supermarkt, im Café ...

Schwul – ja gern!

Es gibt einiges, das dir dabei helfen wird, dein Selbstverständnis als schwuler Mann zu stärken, z.B. ...

Dich zeigen

Der erste wichtige Schritt besteht darin, dich zu zeigen. In der Familie, mit Freunden, in der Schule, im Büro. Ein schwules Fähnchen ist nicht notwendig, andererseits schadet es auch nicht. Deswegen

musst du nicht zwanghaft werden und jedem auf die Nase binden, was du im Bett treibst. Aber mach den Mund auf, wenn in deiner Umgebung jemand das Wort gegen Schwule oder andere Randgruppen erhebt. Zeige Selbstbewusstsein. Das wird dir Respekt einbringen.

Was passieren kann

Es werden dir immer wieder Menschen über den Weg laufen, die dich davon „überzeugen" wollen, dass Schwulsein ungesund, falsch oder unmoralisch ist. Begegne ihnen mit einem Lächeln. Sie wissen es nicht besser. Sie haben diesen Unfug irgendwann in ihrem Leben gelernt und geben ihn nun unreflektiert weiter. Schätze dich glücklich, dass du deinen Weg gefunden hast, trotz der Menschen mit solch veralteten Denkmustern.

Dich integrieren

Schwule organisieren sich zu den abgefahrensten Vereinen und Gruppen: Tanzvereine, Schuhplattler, Linedancer, Cowboys, Chöre, Sportvereine aller Arten, Alt-Katholiken, nur um ein paar zu nennen, die mir spontan einfallen. An so einer Gemeinschaft Anteil zu haben, macht nicht nur Spaß, sondern stärkt auch dein Wir-Gefühl, zudem bietet es dir einen relativ geschützten Rahmen, dich in der Öffentlichkeit als schwuler Mann zu zeigen.

WELCHE COMING-OUTS ÜBERFÄLLIG SIND

- In der Opern- und Theaterwelt
- Bei HIV-Positiven und Aidskranken – das Virus braucht Betroffene und Gesichter, damit die Prävention wieder greift
- In der Kirche
- In islamischen Gemeinden, damit unsere schwulen, bisexuellen und Trans-Brüder es in Zukunft leichter haben
- Ein Coming-out aller Schwulen
- Unter Lehrern, damit schwule Schüler leichteren Zugang zu Ansprechpartnern finden
- In der Bundeswehr, damit schwule Soldaten nicht mehr länger von Beförderungen ausgeschlossen werden
- In Managerkreisen, damit Führungskräfte nach ihrer Leistung bewertet werden und nicht nach ihrem Machofaktor

Das Getto verlassen

Es ist heimelig in der schwulen Welt, und man findet dort alles, was man braucht: Bars, Hotels, Restaurants, Reiseziele, Shops, Zeitschriften ... Gerade am Anfang ist es verführerisch, gänzlich

Schwulsein macht Spaß. Wenn man erst mal offen lebt, genießt man viele Freiheiten. Männer zu lieben wird selbstverständlich und einfach.

darin unterzutauchen. Und das ist okay so. Vergiss aber nicht, dass die Welt aus mehr als nur Homosexualität besteht. Sich im Getto zu verschanzen ist nur eine andere Form, sein Coming-out zu vermeiden.

Klaus Wowereit, regierender Bürgermeister von Berlin (SPD), war der erste deutsche Politiker, der mit seinem inzwischen zum geflügelten Wort gewordenen „Ich bin schwul – und das ist gut so" seinen Gegnern den Wind aus den Segeln nahm. Er bewies, dass ein öffentliches Coming-out einer Karriere nicht abträglich sein muss, und wurde vielen zum Vorbild. www.klaus-wowereit.de

An dir arbeiten

Wie ich bereits sagte, ist dein Coming-out nicht in dem Moment abgeschlossen, in dem du an die Öffentlichkeit trittst. Das Wichtigste ist, deinen Selbstwert aufzubauen bzw. zu erhalten. Dabei helfen wieder die Gruppen. Reichen dir gemeinsame Freizeitaktivitäten nicht aus, schließe dich einer Coming-out-Gruppe an, einer Vätergruppe, einer Bisexuellengruppe, oder was immer dein Coming-out Thema ist. Gibt es in deiner Umgebung keine, gründe selbst eine.

Du weißt, dass es noch etwas zu tun gibt, wenn ...

... du etwas tun möchtest, aber einen Rückzieher machst, weil jemand dadurch erfahren könnte, dass du nicht „normal" bist. Out-sein heißt, sich unabhängig von den Urteilen anderer zu machen und der zu sein, der man ist – von lebensbedrohlichen Situationen einmal abgesehen.

„Aber: Ich wär so gerne hetero"

Und ich hätte gerne ein Penthouse am Central Park in New York. Werd ich es bekommen, wenn ich lange genug weine? Wenn ich den ganzen Tag in der Ecke sitze und schmolle?
Okay, es gibt einen wichtigen Unterschied bei diesem Vergleich: Das Penthouse ist zu bekommen. Ich könnte einen anderen Job annehmen und keine Bücher mehr schreiben, zumindest keine über Homosexualität. Ich könnte alles andere aufgeben und den letzten Cent zusammenkratzen, ich könnte andere betrügen, so kommt man am schnellsten an das nötige Kleingeld für so eine Anschaffung. Aber was zahle ich da für einen Preis?
Um mal eins klar zu machen: Ich finde es völlig okay, den Wunsch zu haben, hetero zu sein – auch wenn ich ihn nicht nachvollziehen kann. Wünsche aller Art sind okay. Die Frage ist nur, wie viel Kraft du in das Erlangen investieren willst.
Immer wenn mich der Wunsch nach dem Penthouse überkommt, dann guck ich mich in meinem Zuhause um, finde die Ecken, die mir besonders gut gefallen und denke mir: „Schön, dass ich hier wohnen darf!"

„Bin ich feige, weil ich immer noch Herzklopfen kriege, wenn ich es sage?"
Aber nein. Das wäre ja gerade so, als würde man jedem Schauspieler, der vor seinem Auftritt Lampenfieber bekommt, die Professionalität absprechen. Hab so viel Herzklopfen, wie dein kleines Herzchen aushält. Und dann tritt auf die Bühne des Lebens und spiele deine Rolle so zauberhaft du das nur kannst – als Schwuler, Bisexueller, Transgender ...

„Was mache ich, wenn ich es hätte sagen sollen, mich aber nicht getraut habe?"
Die Frage ist, wie du hinterher damit umgehst. Wenn du es einfach nur verdrängst, bist du auf dem Weg zurück ins Versteck. Wenn du deine Schwäche analysierst, ihre Ursachen erforschst und Gegenmaßnahmen ergreifst, wird dich das stärken.

Dich engagieren

Eine weitere Möglichkeit, deinen Selbstwert zu fördern, besteht darin, dich für andere einzusetzen. Dadurch kommst du zudem mit vielen Menschen in Kontakt. In jeder größeren Stadt gibt es Anlaufzentren für „Andersfühlende", die nur funktionieren können, weil viele Freiwillige aktiv werden.

Hilf anderen bei ihrem Coming-out

Es mag verrückt klingen, aber man muss sich nicht in eine heiße Pfanne legen, um über Schnitzel sprechen zu können. Ein Freund von mir hat sich kurz nach dem Coming-out zum Ansprechpartner für Schwule in seiner Schule gekürt. Und das mit 15. Obwohl er selbst noch keine Ahnung hatte. Er hat den Vertrauenslehrer und den Schulpsychologen informiert, an den schwarzen Brettern Aushänge gemacht, fertig. Natürlich hatte er nicht auf alle Fragen Antworten, aber die Fragen der anderen, ihre Lebensgeschichten zu hören, hat ihn selbst weitergebracht. Und mit jedem Gespräch wusste er ein bisschen mehr.
Als Vater kannst du im nächsten Schwulenzentrum deiner Umgebung eine Väter-Gruppe ins Leben rufen, die dann als Anlaufstelle für andere funkti-

DIE BELIEBTESTEN SCHWULEN URLAUBSORTE

- Sitges (bei Barcelona)/Spanien
- Mykonos/Griechenland
- Gran Canaria/Kanarische Inseln
- Ibiza/Spanien
- Miami bzw. Fort Lauderdale/Florida
- San Francisco/Kalifornien
- Kapstadt/Südafrika
- Sylt/Deutschland

oniert. Wichtig ist vor allem der Austausch. Dieses „du bist nicht allein" ist für so ziemlich alle Randgruppen zumindest anfänglich die wichtigste Erfahrung.

Informieren
Lesen, lesen, lesen, denn Wissen ist Macht. Mehr dazu im Teil *Wissen ist Macht*.

„Tom Cruise ist schwul"
Es gibt Haltungen und Handlungen, die dir nicht weiterhelfen, dazu gehört das beliebte Spiel: „Tom Cruise ist schwul."

Im Kleinen wie im Großen wird gerne darüber spekuliert, ob bestimmte Schauspieler (Tom Cruise), Politiker (Johannes Rau) oder menschliche Monster (Hitler) schwul (gewesen) sind. Aber was bringt es uns zu wissen, ob der Pabst schwul ist? Wir können die Gerüchte des schwulen Bibliothekars im Vatikan, der die Wahrheit zu wissen glaubt, ohnehin nicht überprüfen. Und selbst wenn, was würde es ändern? Dass die Kirche das eine tut und das andere predigt, ist längst kein Staatsgeheimnis mehr. Dass es schwule Priester geben muss, outete die Kirche selbst, indem sie das Verbot aussprach, homosexuelle Priester zu weihen.

Martin Ripkens & Hans Stempel, Autoren, gaben mit ihrem Beziehungsbericht, **Das Glück ist kein Haustier,** *und den darauf folgenden Interviews in Presse und Fernsehen Einblick in den Alltag ihrer offenen Beziehung und zeigten, dass die Abwesenheit sexueller Treue der Liebe keinen Abbruch tun muss.*

Zum anderen tritt man mit diesem „Spiel" genau in die Fußstapfen jener, gegen die wir uns zur Wehr setzen, weil sie um das Schwulsein immer noch einen Wirbel veranstalten. Außerdem versteckt sich hinter dem Wunsch, „tolle Hechte" im Boot zu haben, sicher auch mangelndes Selbstbewusstsein. „Wenn Tom Cruise schwul ist, dann kann Schwulsein so schlecht nicht sein. Dann kann ich so schlecht nicht sein." Nur hilft dieses Spiel dabei keinen Schritt weiter.

Wenn du dich dafür interessierst, welche bekannten und für die Kultur wichtigen Größen schwul waren und sind, lies *Out – 800 berühmte Lesben, Schwule und Bisexuelle,* Querverlag, 2004. Alles andere ist Zeitverschwendung.

Let's Talk About Sex

Eins ist klar: Oft ist es die Sexualität, die uns, ganz gleich ob schwul, bi oder trans aus dem Versteck in die Welt, aus der Unwissenheit in die Klarheit katapultiert. Andererseits verleitet die Bezeichnungen

Es wird so viel über Sex gesendet, geschrieben und gesprochen, dass man annehmen könnte, er sei ganz einfach. Dabei ist nichts schwieriger als unkomplizierter Sex.

„Homo-, Bi-, TransSEXUALITÄT“ viele, vor allem Heterosexuelle dazu, unsere Gefühle auf Sex zu reduzieren. Wer in diesem „Klima“ aufwächst (und das tun wir alle), könnte durchaus in die Falle tappen, Sexualität überzubewerten. Wie wichtig ist Sex eigentlich?
Es gibt Asexuelle, die (abgesehen davon, dass sie von der Gesellschaft als unnormal oder gar krank stigmatisiert werden) gut ohne Sex zurechtkommen, ja sogar glücklich sind – sobald sie sich von dem inneren Zwang befreit haben, Sex haben zu sollen. Es gibt Mönche aller Couleur, die nicht mal an sich selber rumspielen, weil sie beschlossen haben, ihre Energien anderweitig zu nutzen.
Das Verlangen nach Sex kann man bis zu einem gewissen Grad lenken. Klar ist, dass beim Orgasmus (um mal ans Ende der Freizeitbeschäftigung zu springen) jede Menge Hormone ausgeschüttet werden. Und ja, auf diese kann man (wie auf alle anderen Stoffe) süchtig werden. Da tut die Bremse nicht nur gut, sondern Not.
Andererseits führt das Unterdrücken eines natürlichen Verlangens ebenfalls zu Störungen – solange die Energien nicht (wie im Falle der Mönche) gewinnbringend kanalisiert werden. Der schwule Volksmund sagt zickigen Menschen gerne nach, dass sie nur mal wieder richtig durchgevögelt werden müssten.
Die Antwort auf die Frage, wie wichtig Sex eigentlich ist, lautet daher: So wichtig, wie du ihn machst bzw. haben willst!

EINMAL SCHWUL, IMMER SCHWUL?

Viele sind glücklich, sobald sie sich gefunden haben, und dann nicht mehr bereit, ihre Empfindungen in Frage zu stellen, aus lauter Angst, noch einmal all die Unsicherheiten durchmachen zu müssen. Die Gefahr dabei ist, dass man neue Regungen übersieht. Wie man das vermeidet? Offen bleiben, neugierig bleiben, sich nicht nur im engen Kreis von „Gleichorientierten aufhalten“, sondern sich für die Lebensformen von anderen interessieren.

„Wie viel Sex ist genug?“

Das richtige Maß für sich zu finden, kann phasenweise schwer fallen, weil wir ohne Ende mit sexualisierten Botschaften konfrontiert werden. Telefongesellschaften werben mit italienischen Schönheiten, Handys gibt's „zum Flachlegen“, Cabrios „zum besseren Abschleppen“ usw. Damit nicht genug, man wird täglich mit hunderten von Spammails beballert, die einem einreden wollen, dass der eigene Pippi zu kurz wäre (woher wissen die das nur?) oder nicht hart genug, dass er nicht ausreichend lange steif bliebe oder nicht genug Samen verstreue, ja seit neuestem sogar, dass der Geschmack des Spermas deutlich verbessert werden könne (an die schrecklichen Spermaflecken in der Bettwäsche denkt keiner). Und wer dann mal zu einem (schwulen) Porno greift, kriegt gleich noch ein weiteres Paket von

Selbstzweifeln geschnürt: „Die können ja viel länger, und in allen Stellungen, und was die für große Schwänze haben ..."
Je nach Gesellschaft, in der man sich befindet, kriegt man auch allerlei Prahlereien zu hören, wie oft andere es am Wochenende getrieben haben oder mit wie vielen Kerlen. Da hilft nur fernhalten und dich auf dich selbst konzentrieren. Spüre! Denke nicht! Höre auf dich, nicht auf andere! Und wenn du merkst, dass du beim Sex Hürden umschiffen musst, dass er nicht einfach so passiert, wie er will, dass du lenken, zweifeln, hinterfragen, forcieren, bewerten oder sonst was musst, kurz: dass er dir nicht einfach nur Spaß macht, sprich mit jemandem darüber, der dir helfen kann.

DIE GRÖSSTEN FEHLER, DIE MAN MACHEN KANN

- Sich minderwertig fühlen, weil man anders ist, als die Mehrheit.
- Sich besser fühlen, weil man glaubt, anders sein sei besser.
- Stolz auf seine sexuelle Orientierung zu sein, Schwulsein ist keine Leistung – Outsein dagegen schon!
- Von gutem Sex auf große Gefühle zu schließen.
- Sex *an* deinem Gegenüber zu haben anstatt *mit* ihm.
- Sexbekanntschaften als Wegwerfware zu betrachten - „Jeder ist die Summe all seiner Gedanken und Taten und wird auch in Zukunft die Summe all seiner Gedanken und Taten sein", sagt Coach Marc Pietrocalo (www.marcpietrocalo.de).
- Internetgespräche allzu ernst zu nehmen. Freu dich über Positives, aber erwarte nichts und lass dich von negativen Erfahrungen nicht beeindrucken. Ganz wichtig: Agiere erfahrene Verletzungen nicht an anderen aus. Sie können nichts dafür.
- Einem anderen zuliebe dich auf sexuelle Handlungen einlassen, auf die du eigentlich keinen Bock hast.
- Überhaupt Sex zu haben, wenn du das nicht willst, zum Beispiel, weil du den anderen als Freund behalten willst.
- Sex haben, der deine Gesundheit in Gefahr bringt. Fünf Minuten Geilheit sind keine lebenslange Krankheit wert!

„Was ist guter Sex?"

Dir werden im Laufe deines Sexlebens einige seltsame Dinge widerfahren. Einmal wirst du maßlos schlechten Sex haben, dein Gespiele dich aber dringend und ganz bald wiedersehen wollen, weil er begeistert davon war. Ein anderes Mal wirst du galaktische Höhepunkte erleben, aber dein Partner müde abwinken, wenn du ihn um seine Telefonnummer bittest.

Egmont Fassbinder, Verleger, hatte den Mut, 1975 den ersten explizit schwulen Verlag (Verlag Rosa Winkel) im Nachkriegsdeutschland zu gründen. Sein Programm: Schwulenpolitik, -szene und -wissenschaft öffentlich zu machen.

Man könnte dies nun tiefgründig analysieren und irgendwelche Hormonforschungen zitieren, aber eigentlich sind die Gründe dafür egal. Wichtig zu wissen ist, dass so was vorkommt, und man damit leben muss.

Oft fragen Leser meiner Sexratgeber in Mails, ob es denn okay sei, „nur" wichsen zu wollen. Andere finde keine Erfüllung ohne Analverkehr. Keine Praktik ist grundsätzlich gut, keine grundsätzlich ungenügend. Sex ist nur dann gut, wenn du genau das macht, was im Augenblick stimmig ist. Lass dir also auch in Sachen Praktiken nicht dreinreden.

Apropos dreinreden: Wenn du dich in der Szene umtust, wirst du erleben, dass man sich gerne darüber unterhält, wer wie welchen Sex hat und wie gut er den macht. Überhöre das und spiele nicht mit. Der Sex zwischen dir und jemandem, der angeblich grauenvoll im Bett ist, könnte traumhaft sein. Ebenso gibt es niemanden, mit dem Sex immer großartig ist.

„Muss ich Safer Sex haben?"

Eine der traurigen Tatsachen dieser Welt ist, dass es für niemanden wirklich dauerhaft von Bedeutung bleibt, ob du dich mit HIV infizierst oder nicht. Außer für dich selbst. Es gibt tausend Gründe, warum ein Sexpartner dir seinen Immunstatus verschweigt, sie sind alle irrelevant. Der einzige, den deine Gesundheit wirklich dauerhaft betrifft, bist du selbst.

Wenn du dich jetzt darüber empörst, wie schlecht die Szene ist (wie es Zeitschriften hin und wieder gerne tun), lass dir gesagt sein: Sie ist nicht verantwortlich für deine Gesundheit. Das bist einzig und alleine du. Wenn du es nicht bist, wer denn sonst?

Zu den größten Fehlern gerade am Anfang einer schwulen Karriere zählt, dass man der Illusion erliegt, Sex hätte etwas mit Liebe und Verantwortung zu tun. Deshalb denk an eins, wenn dir jemand begegnet, den du für die Liebe deines Lebens hältst: Kein Austausch von Blut und Sperma! Kein Risiko! Das kannst du später immer noch - nach dem gemeinsamen HIV-Test und dem erwiesenen Vertrauen, dass dich der andere nicht in Gefahr bringen wird.

„Habe ich den Virus?"

Es gibt mehrere Faktoren, die HIV-Infektionen verharmlosen. Zum einen wollen Pharmafirmen in Anzeigen gerne mal Glauben machen, Medikamente „gegen“ HIV und Aids herzustellen. Es gibt keine *Gegen*mittel. Oder (ich zitiere übrigens aus einer Anzeige, die sehr zu meinem Schrecken ausgerechnet von schwulen Zeitschriften gedruckt wurde, deren Aufgabe es sein sollte, genau über so einen Unsinn aufzuklären): „Aids kann noch nicht endgültig geheilt werden“.

Dieses „noch“ vermittelt, dass es bald geheilt werden kann. Vielleicht wird es das ja auch. Hoffentlich. Jeder wünscht das. Tatsache ist, dass noch kein einziges Mittel oder Verfahren Anlass zur Hoffnung gibt.

Und dieses „endgültig“ ist ähnlich perfide. Als könnte Aids schon ein bisschen geheilt werden. Kann es nicht. Der Krankheitsverlauf kann mit Hilfe schwerer und sehr teurer Medikamente hinausgezögert werden – mit meist massiven Nebenwirkungen und Einschränkungen, Verlust der Libido inklusive.

Und noch etwas mag falsche Vorstellungen erwecken. Der Volksmund spricht gerne davon, sich „das Virus“ eingefangen zu haben – nicht nur in Sachen HIV. Das erweckt (zumindest unterbewusst) das Bild, ein HIV-Positiver trage nur einen (1 Stück) Virus in sich. Das scheint in Anbetracht großer menschlicher Körper nicht wirklich bedenklich.

„Im Allgemeinen werden Ergebnisse unter 10.000 Viruskopien pro Milliliter Blut als niedrig, über 100.000 als hoch bewertet“, heißt es auf der Internetseite der Deutschen Aidshilfe – ein Milliliter Blut entspricht in etwa einer Menge von der Größe eines Stecknadelkopfes. Wie viele Viren in einem ganzen Körper, der von rund sieben Litern Blut durchflossen wird, herumschwirren, kann sich nun jeder selbst ausrechnen.

Thomas Hermanns, Showmaster. Der Preisträger der* Goldenen Kamera 2006 *moderiert, inszeniert und schreibt Shows seit seinem 19. Lebensjahr. Bei der Preisverleihung sagte er, die 15-Jährigen können doch jetzt die Gelegenheit nutzen, ihren Eltern zu erklären, warum sie lieber Preisverleihungen als Fußball gucken. Mit dem Preis in der Hand fügte er hinzu: „Ihr seht, alles ist möglich!“

„Was muss ich beim ersten Mal beachten?“

Wer das Glück hat, vom Mann seines Herzens in die Geheimnisse des Sex eingeweiht zu werden (oder sie mit ihm zu entdecken, weil auch der keine Ahnung hat), kann sich glücklich schätzen. Nur wenigen ist das vergönnt, daher rate ich dir, dir Zeit zu lassen. Auch wenn du schon lange auf das erste Mal wartest, auch wenn du schon 65 bist.

Gönne dir einen heimeligen, vertrauten Rahmen und einen Mann, von dem du zumindest annehmen kannst, dass er vertrauenswürdig ist. Wie das geht? Na zum Beispiel, in dem du Sex nicht gleich beim ersten Mal machst. Lerne dein Gegenüber kennen. Geh mit ihm Pizza essen. Wenn ihm das alles zu aufwändig ist, war er nur

SAFE IST NUR, WER'S AUCH SAFE MACHT!

Wirklich safe ist ...

... unverletzte Körperregionen zu streicheln, zu küssen, zu belecken und vorsichtig anzuknabbern.
... Oralverkehr mit allen unverletzten Hautpartien und Körperöffnungen – ausgenommen dem Schwanz, von dem man nicht weiß, ob er kurz davor schon Sex hatte.
... Hoden in den Mund nehmen, daran zu lutschen oder zu ziehen.
... sich auf unversehrte Hautpartien spritzen zu lassen (Schleimhäute ausgenommen).
... sich ins Gesicht spritzen zu lassen, ausgenommen in Augen und Nase sowie auf die Lippen.
... Pissespiel inklusive Trinken.
... Analverkehr mit Kondom, solange das Kondom dabei nicht kaputtgeht oder im Anus verbleibt.
... Fisten mit Handschuhen, so dass man nicht mit Blut in Kontakt kommt.

Vermutlich safe ist ...

... einen frisch gewaschenen Schwanz zu blasen, der seit dem letzten Orgasmus schon mal gepinkelt und damit die Harnröhre ausgewaschen hat.
... sich ins Gesicht und auf die fest geschlossenen Lippen spritzen lassen.
... Vorflüssigkeit zu schlucken.
... gepiercte Schwänze zu lutschen, sofern die Piercingwunde verheilt ist.
... einen Schwanz mit übergestreiftem Markenkondom in deinem Mund kommen zu lassen, solange das Sperma komplett im Kondom verbleibt.

Sicher nicht safe ist ...

... Sperma zu schlucken.
... sich in den Mund spritzen zu lassen, auch wenn man das Sperma nicht schluckt.
... einen Schwanz zu blasen, der kurz davor schon mal abgespritzt hat, weil Sperma in der Harnröhre verbleibt.
... sich auf die Rosette spritzen zu lassen und mit dem spermafeuchten Finger in den Hintern einzudringen.
... an Hämorrhoiden rumzuknabbern, auch wenn sie noch so knusprig sind.
... sich in die Augen spritzen zu lassen.
... Analverkehr ohne Kondom.
... sich in die Nase spritzen zu lassen.
... Schwänze zu lutschen, die aufgrund von starker Beanspruchung gerötete oder geschwollene Hautpartien aufweisen.
... schlichtweg jeder Kontakt zwischen deinen Schleimhäuten und offenen Wunden bzw. Blut und Sperma von anderen.
... Blasen, wenn man wunde, oder gar offene Stellen im Mund- oder Rachenraum hat, oder während einer Infektion, und sei es nur eine Erkältung.
... Oralverkehr bei Zahnfleischbluten.
... Sextoys ungewaschen auszutauschen. Hier sei vor allem an alles gedacht, was in den Körper eingeführt wird: Dilatoren, Vibratoren, Elektroutensilien, Dildos.
... Sperma, das zwar auf der Haut und damit der Luft ausgesetzt war, abzulecken, weil die in der Flüssigkeit verbliebenen Viren aktiv bleiben – es sei denn, man leckt das eigene ab.

Zusammenfassend kann man sagen, solange weder Blut noch Sperma ausgetauscht werden, kann man sich mit HIV nicht infizieren – sich jedoch viele andere Krankheiten holen, wie z.B. Tripper, Syphilis und Hepatitis.

Vorsehen schützt vor dem Nachsehen.

auf Sex aus und damit sicher ohnehin nicht der bestmögliche Partner fürs erste Mal.
Ach ja: Und hab keine Scheu, es deinem Partner vorher zu sagen. Wenn er damit nicht umgehen kann, ist es besser, er sagt es gleich.

DIE BEGEHRTESTEN INTERNETPORTALE

- Gayromeo.com (auch .de, .at, .ch)
- Gayroyal.de
- Gaydar.co.uk
- Eurowoof.com
- Homo.net
- Justbegay.de
- Gaychat24.com
- Gayforum.de
- Gay.or.at

Reinklicken und umschauen. Die Portale sind in der Regel kostenlos, zumindest solange man sich mit eingeschränkten Benutzungsmöglichkeiten zufrieden gibt. Du kannst dich also ungestört, kostenlos und anonym mal ein paar Tage lang ausprobieren. Wenn du dich gut auf den Umgang dort vorbereiten willst, empfehle ich dir den Ratgeber *Gay Online Dating* (s. *Wissen ist Macht*)

„Wie muss ich sein, damit ich einen abkriege?"

Ja, es gibt immer Trends. Und so manch einer passt seine Kleidung oder seinen Haarschnitt an, um nicht außen vor zu bleiben. Daran ist nichts auszusetzen. Die Gefahr ist jedoch, dass man irgendwann bei so einer Frage endet, wie der in der Überschrift zu diesem Absatz. Und allein dass du sie stellst, ist von einer tieferen Ebene aus betrachtet nicht wirklich gewinnbringend.
Sei du selbst, so sehr du das nur irgendwie kannst. Und wenn du damit nicht in das Schema der Szene in deiner Umgebung passt, bist du vielleicht anderswo besser aufgehoben. Zudem kann dir ausgerechnet dein Anderssein Aufmerksamkeit bescheren. Wer hätte noch vor ein paar Jahren gedacht, dass dicke Männer als Bären Furore machen werden?

Jedem Tierchen sein Pläsierchen

Stehst du auf Bärte, suche Kneipen oder Portale auf, in denen sich haarige Männer herumtreiben. Bist du ein Fan glatter Haut, wirst du bei Gay Skins fündig. Es gibt Treffpunkte für Männer, die auf Leder oder Gummi stehen, Treffpunkte für Ältere, für Jüngere, für Muskulöse, für Durchschnittliche, für Skinheads, für Dicke, für Nackte, für Unterhosenfans oder Fans von Füßen, Socken, Turnschuhen ... Und du wirst sie alle kennen lernen – vorausgesetzt, dass du das willst. Jeden zu seiner Zeit. Und wenn es für deinen Fetisch noch keinen Club gibt, kannst du ihn gründen.

Wollen wir doch ein paar Mythen entschleiert:

„Viel Sex ist gesund"

An dieser Stelle sollten wir erstmal das Wort „viel" definieren. Für den einen ist einmal Sex pro Woche schon viel (statistisch gerade mal etwas unter dem Durchschnitt), für andere ist einmal am Tag zu wenig.
Hab genau so viel Sex, wie es dir gut tut. Du hast genau dann ausreichend Sex, wenn du in Aktion trittst, sobald du Lust darauf verspürst, und deinen Piller ruhen lässt, wenn dir nicht nach Sex ist. Wenn du merkst, dass du dir Gedanken darüber machst (Sorgen, dass es zu wenig ist, oder so viel wird, dass du meinst, dich bremsen zu müssen), sprich mit jemandem, der dir helfen kann.

„Wer viel Sex hat, ist ein toller Hecht"

Dieser Mythos dürfte der Welt der heterosexuellen Schulterklopfer entlehnt worden sein. Das Traurige daran ist, dass viele Männer ihren Selbstwert an ihre Begehrtheit knüpfen. Traurig schon deshalb, weil das Begehrtwerden mit jedem Lebensjahr abnimmt. Wer mit 50 immer noch nicht gelernt hat, dass dies ein fatales Spiel ist, wird viel leiden.
Und noch etwas daran ist Mitleid erregend. Sex, ein solch kostbares Geschenk, wird auf ein Mittel zum Zweck reduziert.

Martin Dannecker, Professor der Sexualwissenschaften veröffentlichte bereits in den 60er Jahren seine erste wissenschaftliche Untersuchung über die Lebenszusammenhänge Homosexueller (Der gewöhnliche Homosexuelle) und erforscht seither unablässig vor allem die männliche (Homo-)Sexualität.

„Analverkehr ist was für Frauentypen"

Ein weiterer Mythos aus der Männerwelt lautet, dass Männer, die sich genüsslich ficken lassen, Frauenrollen leben, nicht männlich sind oder sich damit unterwerfen. Unangezweifelt ist, dass dein Darmausgang sehr sensibel ist und deine Prostata, die beim Geficktwerden massiert wird, deinen Orgasmus intensiviert.

„Guter Sex = Liebe"

Was Sex so toll macht, ist unter anderem der Ausstoß von Hormonen. Kommen dann noch ein oder zwei andere positive Faktoren dazu (angenehmer Körpergeruch, verträumte Augen, Locken – oder was immer dir gefällt), kann man das leicht mit Liebe verwechseln – oder auch nur mit „Gefühlen".
Genieße den Sex. Wenn er schön war, schau, ob du ein Nachspiel arrangieren kannst. Entwickelt sich im Laufe der Zeit etwas daraus, gut. Wenn nicht, gut.

„Jeder muss sich erstmal austoben"
Und manche eben nicht. Wenn du auf allen Sexpartys dieser Welt herumziehen willst, tu das. Schau sie dir genau an, springe hinein, plansche, spritze, pruste. Aber behalte den Kopf über Wasser. Soll heißen: Spüre, was es mit dir macht. Tut es dir gut, schön. Wenn nicht, lass es bleiben.

Wenn du im Gegenteil das Gefühl hast, du müsstest dich für die eine große Liebe aufsparen, dann ist das dein Weg.

Romy Haag, Schauspielerin und Entertainerin, wurde als Deutschlands schönste Transsexuelle tituliert (3Sat). Sie ist eine lebende Legende, Inbegriff von Glamour und Verruchtheit zugleich. Zahlreiche Fernsehauftritte haben sie zu einer wegweisenden Figur gemacht. „Ich wollte nie ein Freak sein, ich wollte Respekt." http://home.snafu.de/romy.haag

„Fremdgehen macht glücklich"
Es mag ja sein, dass das in bestimmten Fällen zutrifft. Der Partner einer langjährigen Beziehung stellte mich vor die Wahl: Treue oder Ende der Beziehung. Da mir die Beziehung wichtig war ... habe ich ihn nur heimlich betrogen. Ha! Nein, ich habe die Beziehung beendet, weil ich das Versprechen schon zu lange gehalten hatte. Vielleicht hätte es mir genügt, zwischendurch einfach mal Sex mit anderen zu haben, vielleicht wären wir dann heute noch zusammen. Mit dem Damoklesschwert über dem Kopf aber konnte ich nicht leben.
Trotzdem bin ich mir sicher, dass man auch ohne fremdzugehen glücklich werden kann. Am Ende läuft es immer auf dasselbe hinaus: Tu nur das, was für dich stimmt, und sei ehrlich – dir selbst und allen gegenüber, die es betrifft, z.B. gegenüber deine(n/m) Partner(n).

„Schwule sind sexuell befreit"
Manche sicherlich. Es ist gut, dass Homosexuelle dem Rest der Gesellschaft zeigen, dass ein Wert wie Treue durchaus anders gelebt werden kann. Aber nicht jeder, der rumvögelt, ist frei. Ein Blick ins Internet zeigt, wie viele ihre ganze Freizeit einzig damit verbringen, Sexpartner zu finden. Das hat mit Freiheit wenig zu tun.

„Muss ich mit allen Schwulen Sex haben?"
Eine alberne Headline, zugegeben. Aber sie macht neugierig, nicht wahr?
Vielleicht wirst du auch zu jenen zählen, die in schwuler Gesellschaft erotische Spannung verspüren, in deren Kopf die Frage beharrlich klopft wie ein Specht: „Ist der wohl an mir interessiert?" Ja, es gibt Menschen, für die Sex sehr wichtig ist und die keine Gelegenheit auslassen. Aber niemand muss. Gar nichts! Nie!

Anoymer Sex kann sehr aufregend sein
Ob es dir wirklich gut tut, kannst nur du selbst spüren.

„Anonymer Sex ist geil“

Nun sehen viele es als große Errungenschaft an, dass man als Schwuler heute an vielen Orten auf die Schnelle seine Nudel gekocht kriegt, ohne sich mit dem Gegenüber lange auseinander setzen zu müssen. Keine lästigen Gefühle, keine Zeitverschwendung mit lästigen Konversationen. Ja, dies alles gibt es also. Und ich bin der Meinung, dass man das auch mal kennen lernen sollte, damit man weiß, worüber so viel gesprochen wird. Problematisch wird es, wenn du aus den Darkrooms nicht mehr herauskommst.

LET'S TALK ABOUT SEX (ZUSAMMENFASSUNG)

Es ist auf keinen Fall falsch, alles auszuprobieren, wonach es dich gelüstet oder was dich neugierig macht. Also keine Angst vor Darkrooms, Sex auf öffentlichen Toiletten, Partys ... Ebenso ist es eine gute Idee, dies bewusst zu tun. Schau, was es mit dir macht. Tut es dir gut, tue es wieder.

Informiere dich über Safer Sex, über Übertragungswege von Krankheiten und lerne die Symptome, an denen du Krankheiten erkennen kannst.

Belasse es nicht bei der Wichserei. Ficke, lass dich ficken, pisse, fiste – wenn dich die Neugier treibt –, probiere alle Sexpraktiken mindestens einmal aus, damit du weißt, wie sie sich anfühlen. Aber vergiss dabei niemals, dich und andere zu schützen, so dass du ohne Schaden daraus hervorgehst.

Und: Benutze Sex nicht nur zum bloßen Abreagieren. Benutze andere nicht als Alternative zu deiner Wichshand. Mit Hilfe von Sex kannst du dich selbst besser kennen lernen und entwickeln. Sex kann viel mehr sein als nur ein kleines Hoch nach einer großen Anstrengung.

Let's Talk About Love

Liebe zählt zu den schönsten Gefühlen, die dieses kleine Leben für uns bereithält. Warum sonst wird in einer Tour darüber gesungen oder handeln die meisten Filme davon? Schmetterlinge im Bauch, Nähe, Vertrautheit, Vertrauen, Hingabe, Intimität ...

Was davon Verliebtheit und was echte Liebe ist, damit fängt die Verwirrung schon an.

Ähnlich wie mit Sex werden wir täglich von so genannten Liebesbotschaften zugeballert. Angefangen bei den glubschäugigen Figuren, die in „Liebe ist ...“-Herzen das Phänomen zu erklären versuchen, über Werbung, die die Schiene „Wenn du mich liebst,

dann ..." fährt, bis hin zu den unzähligen Filmen, in denen es nach Schema F abgeht: Mann liebt Frau, dann gibt's ein paar Probleme – damit kann man leben –, aber am Ende muss ein Happyend folgen, damit alle glücklich sind. Oder das andere Extrem: „Liebe ist Leid" bzw. „Liebe bedeutet Opfer bringen".
Auch wenn natürlich jedem klar ist, dass Liebe im Grunde etwas anderes ist, liegen vielem Herzeleid schlichtweg falsche Vorstellungen zugrunde.

Was ist richtige Liebe?

Ich habe schon viele schlaue Bücher über die Liebe gelesen, die sinnigste, einfachste und klarste Definition lautet für mich: „Liebe ist, dem anderem das Beste zu wünschen." Aber ich glaube, das habe ich schon mal erwähnt.

Was ist keine Liebe?

Das schließt demnach nicht ein ...

- Erwartungen zu haben,
- Ansprüche zu stellen,
- eifersüchtig zu sein,
- den anderen einzuschränken,
- den anderen an sich zu binden,
- unehrlich zu sein,
- sich nur mit den Aspekten des anderen zu beschäftigen, die einem gefallen,
- den anderen zu ändern zu versuchen,
- Kritik im Sinne von steter Nörgelei.

Ebenso wenig ...

- alles für den anderen zu tun,
- sich selbst zu vergessen,
- die eigenen Bedürfnisse denen des Partners unterzuordnen,
- nur für den anderen zu leben,
- ihm jeden Wunsch zu erfüllen,
- ihm alles abzunehmen,
- Verantwortung für ihn zu übernehmen.

Und völliger Wahnsinn ist der Mythos: Liebe kennt keine Grenzen

Da ich das selbst schon erlebt habe, darf ich das schreiben: Männer, die sich in HIV-Positive verlieben und meinen, Liebe sei, auch die Krankheit mit dem Partner zu teilen.
Infektion und Liebe widersprechen einander. Wenn ich mich am

anderen infiziere, tue ich ihm damit bestimmt nichts Gutes, denn er muss den Rest seines ohnehin schon nicht einfachen Lebens mit dem Gewissen leben, aufgrund einer Dummheit seinem „Liebsten" das Leben schwer gemacht zu haben. Richtig ärgerlich wird die Angelegenheit spätestens nach der Trennung.

Beziehungen

Da sind wir schon bei den Beziehungen angelangt, in die die Liebe oftmals führt – dabei ist eine Liebe ohne Partnerschaft oftmals viel unkomplizierter, weil sich niemand über falsch ausgedrückte Zahnpastatuben ärgern muss ... Ach, darauf gehe ich jetzt nicht weiter ein. Beziehungen also, Begriffe, Mythen, Chancen ...

Limbische Resonanz

Es existieren jede Menge Witze über Homosexuelle. Einer beginnt mit der Frage: „Was bringt eine Lesbe auf ihr zweites Date mit?" Antwort: „Den ganzen Hausstand." „Und was bringt ein Schwuler zum zweiten Date mit?" „Welches zweite Date?" Hahaha. Und es mag auf viele zutreffen. Aber es gibt auch jede Menge anderer, die mit Lichtgeschwindigkeit in „Beziehungen" verschwinden und sich Wochen später nicht mal mehr an den Namen des ehemals künftigen „auf immer und ewig"-Lebenspartners erinnern. Dies bitte ich nicht als Kritik zu verstehen. Es ist ein Phänomen.

Halten wir doch mal an ein paar wissenschaftlichen Fakten fest. Zugegeben, die Wissenschaft hat nicht immer Recht, aber hier und da findet sie Ergebnisse, die man sich zumindest mal näher ansehen kann.

Ich spreche von der limbischen Resonanz. Untersuchungen besagen, dass zwei Menschen erst nach etwa zwei Jahren des Zusammenseins wissen können, ob sie wirklich zueinander passen.

Gilbert&George. Die als Gilbert Proesch und George Passmore geborenen Künstler treten seit 1968 in oftmals mehrstündigen Performanceaktionen als „lebende Skulpturen" auf und arrangieren sich in ironisch verfremdeten Fotoserien zu kitschigen Alltagsikonen.

Polyamorie

Die Liebe zu mehreren Menschen gleichzeitig. Etwas, worüber sich sicher wenige am Anfang ihrer Liebesgeschichte Gedanken machen, sind sie doch froh, die Liebe zu einer Person auf die Reihe zu kriegen. Erwähnen möchte ich diesen Begriff dennoch, weil z.B. gerade viele Bisexuelle automatisch in diesen Konflikt geraten. Die Liebe zu nur einem Menschen würde

Gehalten werden, Hingabe, Vertrauen. Eine Beziehung bedarf vieler Eigenschaften, um Stabilität zu erhalten.

ja die Liebe zu nur einem Geschlecht bedeuten, und das ist eben für manche Bisexuelle nicht erfüllend.

Fehlende Bindungselemente

Keine Ringe, kein Ehevertrag, selten sexuelle Treue, oft noch nicht mal eine Liebe in Ausschließlichkeit (s. Polyamorie), und trotzdem fühlen sich viele schwule Paare zusammengehörig. Wie funktioniert das?

Die Antwort: Eben genau deswegen. Kann man sich durch Verträge binden oder indem man Kinder in die Welt setzt und gemeinsam ein Haus baut? Vergisst man darüber vielleicht, dass Verbindung etwas ist, das unabhängig von Äußerlichkeiten stattfindet, ja stattfinden muss, weil sie sonst irgendwann nicht mehr trägt?

Gemeinsamkeiten im Außen sind natürlich trotzdem wichtig. Wenn du deinem Partner nichts mehr zu sagen hast oder es dich nervt, womit er sich beschäftigt, wenn ihr gar keine Zeit mehr miteinander verbringt oder euch auseinander gelebt habt, solltest du dich vielleicht mal fragen, warum du an so einer Partnerschaft festhältst. Kurz: Fehlende Bindungselemente im Außen helfen, den Blick nach innen zu richten und die Bindung zu sich selbst spüren zu lernen.

BEISPIELE „QUEEREN“ LEBENS

- Single, ohne Sex mit anderen
- Single mit wechselnden, immer neuen Geschlechtspartnern
- Single mit wechselnden bekannten Geschlechtspartnern (so genannten Fuckbuddys)
- Beziehung mit einem Partner – monogam
- Beziehung mit einem Partner, Sex aber mit mehreren (so genannte offene Beziehung)
- Beziehung mit mehreren Partnern (polyamor) und Sex mit nur diesen
- Beziehung mit mehreren Partnern und Sex darüber hinaus mit weiteren anderen
- Beziehung zu mehreren Partnern unterschiedlichen Geschlechts (Bisexualität)
- Regenbogenfamilie (Männer und Frauen finden sich unabhängig von ihrer sexuellen Orientierung zusammen, um gemeinsam Kinder großzuziehen)

Große Gefühle, das muss doch Liebe sein

Nein. Nein. Nein. Für große Gefühle gibt es diverse Ursachen (z.B. dass sie uns in Hollywoodfilmen in einer Tour vorgemacht werden), die zu erläutern in ein anderes Buch gehört.

Wenn dein Gegenüber große Gefühle entwickelt, lass dich davon nicht beirren. Auch wenn er dir unter Tränen beteuert, dass du die größte Liebe seines Lebens bist, bedeutet das nicht, dass er auch deine sein muss. Bleib bei dir, heißt: bei deiner inneren Stimme. Ist er deine Liebe nicht, stehe dazu und lass dich nicht auf ihn ein, nur weil er ohne dich nicht mehr leben will.

Wenn du große Gefühle entwickelst, versuche Abstand davon zu gewinnen. Keine Angst, wenn dich wirklich etwas Gesundes und Tiefes mit dem anderen verbindet, wirst du ihn deswegen nicht verlieren. Lass dir Zeit mit großen Versprechen, auch wenn sie dir auf der Zunge brennen. Lerne ihn in Ruhe kennen. Verliebtheit ist ein schöner Zustand, den man möglichst genießen sollte. Aber nicht alle Ideen und Vorstellungen, die man in dieser Zeit entwickelt, werden wahr.

Liebe auf den ersten Blick
Ja, es mag sie geben. Die Regel ist sie nicht. Was auch bedeutet: Wenn du dich erst beim zweiten Mal in jemanden verliebst, kann trotzdem eine große Liebe daraus werden. Und: Liebe auf den ersten Blick ist nicht mehr wert als Liebe nach dem 95sten Blick.

Peter Plate, Sänger der Band Rosenstolz lebt offen schwul und bezieht in seinen Songs immer wieder Stellung zu politischen Themen wie mit Ja, ich will zur eingetragenen Partnerschaft. Seit 2002 ist er mit seinem langjährigen Freund Ulf Sommer verpartnert. www.rosenstolz.de

Es gibt nur eine große Liebe im Leben
Auch eine Theorie der Verzweifelten, die auf dem Humus von Schuldgefühlen (z.B. „Warum habe ich überlebt, aber mein Partner ist gestorben?") prächtig gedeiht. Es gibt genau so viele große Lieben in deinem Leben, wie du sie zulässt. Wenn deine großen Lieben jedoch allzu schnell in große Vergessenheit geraten, solltest du über das Konzept „große Liebe" noch mal nachdenken.

Bis ans Ende aller Tage
Mag ja sein. Aber warum sollte man einander das versprechen? Beginne mit dem Jetzt. Freu dich auf das Morgen. Und nach eine paar Monaten Gemeinsamkeit kann man schon mal einen gemeinsamen Urlaub planen. Und wenn ihr am Ende aller Tage immer noch zusammen seid, habt ihr einen Grund mehr, euch zu freuen. „Auf immer und ewig" ist ein großes Versprechen, das niemand ernst nehmen sollte. Denn so etwas kann man zwar sagen, so etwas kann man sogar meinen, so was kann man sich in jedem Fall wünschen – darf man aber niemals erwarten.

Eine Beziehung ist das höchste Gut
Auch ein Irrtum, dem man leicht erliegt. Viel wichtiger als eine Beziehung ist es, mit sich selbst zufrieden und glücklich zu sein. Wenn dir dabei der richtige Partner über den Weg läuft, großartig. Also konzentrier dich auf dein Leben und genieße jeden Augenblick davon. Du bist ein viel attraktiverer Partner, wenn du dein Leben im Griff hast, als wenn du winselnd einen nach dem anderen

anbettelst, dich vor dem Alleinsein zu retten. Die Schlussfolgerung daraus ist nämlich: Wenn du schon mit dir selbst nicht klarkommst, wie soll es dann ein anderer?

Eine Beziehung macht glücklich

Vordergründig ja, aber es ist ein vergängliches Glück, denn Beziehungen halten nicht ewig. Spätestens der Tod wird euch unweigerlich trennen. Gerade wenn du glaubst, ohne Beziehung, ohne Freund, ohne Partner oder ohne den täglichen Sex nicht leben zu können, solltest du das schon um deiner Freiheit willen einmal hinterfragen.

LET'S TALK ABOUT LOVE (ZUSAMMENFASSUNG)

Vermeide große Gefühle! Sie vernebeln deine Sinne, zudem sind sie nicht dauerhaft.
Gib niemals Versprechen ab, die du nicht halten kannst. „Auf immer und ewig" ist keine reale Option. Warum man nicht ein bisschen romantisch sein sollte? Ganz einfach: Wenn du an dieser Stelle offensichtlich nicht die Wahrheit sagst, woher soll dein Gegenüber wissen, dass du woanders ehrlich bist?
Warte lieber ein wenig, bevor du das Wort „Liebe" aussprichst. Es weckt große Erwartungen.
Und wenn du meinst, ohne Beziehung nicht leben zu können, solltest du erforschen, welche Art von Beziehung dir eigentlich fehlt. Kann einem ein anderer Mensch wirklich geben, was einem selbst fehlt? Das würde ja ewige Abhängigkeit bedeuten. Wie kommen dann all die Singles zurecht? Oder ist es vielleicht die Beziehung zu dir selbst, die dir fehlt? Oder fehlt dir – wie im Abschnitt *Die Angst, nicht dazuzugehören* angesprochen – etwa das Gefühl, einer grundsätzlichen Zugehörigkeit? Dann ist eine Beziehung keine Lösung, nur Ersatz. Um das Gefühl wiederzuentdecken, dass jeder Teil eines größeren Ganzen ist, hilft Spiritualität. Hab ich schon mal erwähnt, dass es lohnend ist, sich mit dem Buddhismus zu beschäftigen?

Je offener du lebst, desto mehr kannst du dich in der Gemeinschaft bewegen. Das wird vor allem im Alter von Bedeutung sein. Fang daher jetzt damit an!

Out and ... Proud?

In schwulen Kreisen wird gerne der schwule Stolz zitiert. Was ist das eigentlich? Ist es berechtigt, auf seine Homosexualität stolz zu sein?
„Proud", der Begriff stammt – wie so vieles – aus dem Englischen und wird dort anderes angewendet als bei uns. Es gibt einiges, worauf Schwule stolz sein können. Wir haben Rechte für uns erkämpft und, von Ausnahmen einmal abgesehen, keine Knüppel dafür eingesetzt oder anderen damit geschadet. Durch unser öffentliches Auftreten wird die Problematik von andersfühlenden Randgruppen sichtbarer. Die erkämpften Rechte helfen auch anderen, z.B. Transsexuellen, die eine wesentlich kleinere Gruppe ausmachen. Mit dem Ausbruch von Aids sind wir in weiten Teilen allein fertig geworden. Wir haben die finanziellen Mittel gestemmt, um die Forschung voranzutreiben, die jetzt Menschen in aller Herren Länder zugute kommt, ja die Aidshilfen selbst sind auf unsere Initiative hin überhaupt erst entstanden.
Darauf und auf vieles andere dürfen wir mit Fug und Recht stolz sein. Aber es gibt keinen Grund, stolz auf das Schwulsein zu sein. Schwul zu sein ist nicht besser als heterosexuell zu sein. Wer sich über andere erhebt, ist stets in schlechter Gesellschaft. Und wer will das schon? Verdammt einsam dort oben im Elfenbeinturm.

Die Zukunft beginnt ... heute

Zum Abschluss die Frage: Was machen eigentlich Schwule, die ihren Umgang miteinander über das Internetdating gelernt haben, wenn sie alt sind? Altern heißt nicht nur, mehr Botox zu verbrauchen (zum Faltenreduzieren) und öfter zur Maniküre gehen zu müssen, weil die Nägel immer schneller nachwachsen, Altwerden heißt auch, immer mehr auf Hilfe angewiesen sein. Hilfe, die zuverlässig ist, und nicht nur dann auftaucht, wenn gerade kein guter Film im Kino läuft oder ein freundliches Lächeln auf dem Bildschirm geilen Sex verspricht.

will not kiss Eric in
not kiss Eric in Sc
t kiss Eric in Sc
kiss

KLEINES SCHWULES LEXIKON

Aktiv/passiv
Mit a/p bezeichnet man die Rolle, die jemand beim Sex bevorzugt. Die Bezeichnungen sind jedoch sehr ungenau und sollten daher nur als Tendenz betrachtet anstatt wörtlich genommen werden.

Aids
Immunschwächekrankheit, die durch das Human I Virus ausgelöst wird, das sich in die Abwehrzellen einnistet und sie zerstört, sodass selbst leichte Krankheiten, wenn sie nicht behandlet werden, zum Tode führen können.

Aidshilfe
Organisation, die sich um die Beratung und Betreuung von Menschen mit HIV und Aids kümmert sowie um die Prävention der Infektion.

Asexualität
Einfach ausgedrückt, ist das ein Zustand, in dem man keine Lust auf Sex mit anderen verspürt – bis hin zu Abneigung, Ablehnung und Ekel. Asexuelle können sich jedoch durchaus verlieben, Verlangen nach Zuneigung und sogar körperlicher Nähe (Händehalten, streicheln, küssen) verspüren. Eine genauere Definition findest du im Netzwerk, in dem Asexuelle sich austauchen können, AVEN: www.asexuality.org/de.

Bareback(ing)
Ursprünglich ein Begriff aus der Welt der Cowboys, der das „Reiten ohne Sattel" bezeichnet. Unter Homosexuellen bedeutet es, Sex ohne Kondom zu haben, bei dem also HI-Viren übertragen werden könnten.

Bisexualität
Männer, die sich sowohl in Männer als auch in Frauen verlieben und Sex mit beiden Geschlechtern haben können, nennt man bisexuell. Oft wird ihnen nachgesagt, dass sie sich nicht entscheiden können bzw. zu feige sind, zu ihrer Homosexualität zu stehen. Das macht es diesen Menschen schwer, sich Homos oder Heteros zugehörig und von ihnen akzeptiert zu fühlen.

Bondage
(gesprochen: Bonndätsch) Eine Sexpraktik, bei der mindestens ein Partner (meist kunstvoll) gefesselt wird.

Cockring
Ring, der um die Peniswurzel herum angelegt wird, um den Rückfluss von Blut aus dem erigierten Glied zu behindern, so dass es steifer wird. Bei vielen zögert der Ring den Orgasmus hinaus.

Community
Auch „Gemeinde", bezeichnet die Gemeinschaft bzw. Gesamtheit der Schwulen, die sich bekennen, die sichtbar sind bzw. sich engagieren.

CSD
Abkürzung für Christopher Street Day. Jährlich wiederkehrender Umzug von Schwulen, Lesben, Trans- und Bisexuellen, der zwischen Mai und August weltweit in vielen Großstädten gefeiert wird. Termine der deutschen CSDs unter www.csd-deutschland.de. Der CSD geht auf die Stonewall-Unruhen zurück.

Cruisen
Zu Deutsch: Herumfahren, herumkreuzen. Früher mal der Begriff für Ausgehen und sich einen Mann für Sex suchen. Inzwischen bezeichnet es mehr noch das Flirten, den Augenkontakt zwischen Männern, die sich dadurch zu verstehen geben, dass sie (sexuelles) Interesse aneinander haben.

Cybersex
Als C6 bezeichnet man in der Regel Sex via Internet. Die Partner schreiben einander ihre erotischen Wünsche oder schauen einander mit Hilfe einer Webcam beim Sex zu.

Dildo
Ein penisförmiger Gegenstand aus Materialien wie Gummi, Silikon, Glas, Marmor ..., den man sich oder einem anderen rektal (d.h. in den Hintern) einführen kann. Der Vorteil liegt in der freien Wahl der Dicke und Länge sowie des Materials, das für einige Menschen an sich schon erotisierend wirken kann. Abgesehen davon eignet ein Dildo sich auch zum Spielen mit sich selbst.

Drittes Geschlecht
Diese Bezeichnung fand seit Mitte des 19. Jahrhunderts

für Menschen Anwendung, die von der gesellschaftlich erwünschten Zweigeschlechtlichkeit abwichen, also: Schwule, Lesben, Transgender und Intersexuelle. Magnus Hirschfelds Zwischenstufentheorie trug zur Verbreitung dieses Konzepts bei.
Durch die Emanzipationsbewegungen (seit den 70er Jahren) wurde dieser Begriff wieder verdrängt. Anhänger der Queer Theory (Queer Identity) haben ihn nun wiederentdeckt. Aber auch Intersexuelle beanspruchen diesen Begriff für sich und nur für sich.

Fetisch
Der französische Sexualforscher Alfred Binet hat diesen Begriff von den Naturvölkern entlehnt. Er beschreibt die sexuelle Fixierung auf bestimmte im Grunde nicht-sexuelle Materialien oder Objekte. In der Szene verbreitet sind Leder, Jeans, Gummi, Socken, Füße, Turnschuhe ...

Fisten
Eine Sexpraktik, bei der statt eines Penis oder Dildos eine Hand, eine Faust oder mehrere Hände gleichzeitig rektal, d.h. in den Hintern eingeführt werden.

Gay
Die englische Bezeichnung für schwul. Ursprünglich: lebenslustig, vergnügt.

Gaybashing
Tätliche Übergriffe, kurz: Schwule verkloppen.

Gemeinde, schwule
s. Community

Gender
Englisch für „das Geschlecht". Wird im Bezug auf die sozialen Geschlechtsmerkmale benutzt und steht für alles, was in einer Kultur als typisch männlich oder typisch weiblich angesehen wird: Verhalten, Vorstellungen, Berufe ... Hat mit den körperlichen Geschlechtsmerkmalen nichts zu tun.

Geschlechtsanpassung
Menschen, die sich dem Geschlecht, mit dem sie geboren wurden, nicht zugehörig fühlen, können ihren Körper mithilfe einer Operation ihrem gefühlten Geschlecht anpassen lassen.

Geschlechtsmerkmale
Merkmale, die männliche und weibliche Körper voneinander unterscheiden.

Gleitmittel
Wird zum Ficken gebraucht, um die Reibung zu mindern. Manche Beschnittene brauchen es auch beim Onanieren.

Gummi
Ein Material, das auf einen kleinen Kreis von Menschen eine erotisierende Wirkung ausübt, weswegen sie sich gerne darin kleiden und Sex darin haben.

Hankycode
Besonders in der Lederszene verbreitere Methode, seine sexuellen Vorlieben durch ein farbiges Taschentuch (englisch: Hanky) kundzutun. So steht z.B. Dunkelblau für Ficken, Rot für Fisten, Weiß für Sperma und Gelb für Natursektspiele. Wer es links trägt, zeigt dass er aktiv, wer es rechts trägt. dass er passiv ist. In der Mitte (z.B. um den Hals): beidseitig bespielbar.

Hirschfeld, Magnus
(1868 – 1935) Deutscher Arzt, Sexualforscher und Vordenker der schwulen Bewegung. Unter dem Motto „Durch Wissenschaft zur Gerechtigkeit" wollte er das Angeborensein der Homosexualität beweisen und damit die Forderung nach deren Straffreiheit begründen. Dazu entwickelte er die Theorie eines dritten Geschlechts zwischen Mann und Frau, das aus Homosexuellen, Transsexuellen und Intersexuellen besteht. Weite Teile seiner Arbeit beruhen auf der Forschung von Richard von Krafft-Ebing und Karl Heinrich Ulrichs.

Heteronormativität
Dieser Begriff beschreibt ein Geschlechtssystem, in dem nur zwei Geschlechter akzeptiert werden, die mit Geschlechtsidentität, Geschlechtsrolle und sexueller Orientierung gleichgesetzt werden. Verhalten oder Gefühle, die dieses System destabilisieren könnten, werden streng sanktioniert.

Homophilie
Der Mensch experimentiert gerne. Neben den Homo- und Bisexuellen sammelt auch mancher Heterosexuelle gelegentlich gleichgeschlechtliche Erfahrungen. Es gibt mehr Homosexualität auf der Welt, als es Schwule und Lesben gibt. Für Sex mit dem gleichen Geschlecht muss man nicht homosexuell sein. Für die Liebe freilich schon.

Homophobie
Unter dem Begriff versteht man die irrationale, weil unbegründete Angst vor Homosexuellen und ihre Lebensweise, die zu verschiedenen Formen der sozialen Ausgrenzung, Diskriminierung, Ignoranz und Gewalt gegen Homosexuelle führen kann.

Homosexualität
Mit Homosexualität wird die Liebe zum gleichen Geschlecht bezeichnet.

Identitätsgeschlecht
Das Geschlecht, dem sich ein Mensch zugehörig fühlt. Bei den meisten stimmt das mit den körperlichen Geschlechtsmerkmalen überein, bei manchen jedoch nicht.

Intersexualität
Intersexualität ist eine Bezeichnung, die gemeinhin für Menschen mit nicht eindeutig weiblichen oder männlichen körperlichen Geschlechtsmerkmalen verwendet wird. Einige Intersexuelle bevorzugen Ausdrücke wie Hermaphrodit oder sogar Zwitter, andere lehnen diese als vulgär und diskriminierend ab.

Kinky
Aus dem Englischen für „abartig", „abnorm", „pervers". Im Unterschied zu den deutschen Entsprechungen wertet der englische Begriff nicht. Als kinky bezeichnet man Sexpraktiken, die auf irgendeine Weise in diese Kategorien fallen, z.B. Sex in Netzstrumpfhosen, Federboas oder Stöckelschuhen, oder Sex, bei dem Menschen auf Tiere reduziert werden.

Kinsey, Alfred
(1894 - 1956) Amerikanischer Sexualforscher, der als erster statistische Erhebungen über das Sexualverhalten von Frauen und Männern durchführte. Auf ihn geht der viel zitierte *Kinsey-Report* zurück, die Auswertung anonymisierter Interviews. S. a. den Film *Kinsey – Die Wahrheit über Sex*, aus dem Jahre 2004.

Klappe
In der Szene bezeichnet die Klappe eine öffentliche Toiletten, auf denen sich Männer für Sex treffen.

Kondom
Überzieher, Pariser oder Verhüterli genannt, ist eine Hülle aus Latex oder PVC, die über den Penis gestreift wird und so beide Sexpartner vor der Übertragung verschiedener Krankheitserreger schützt. Natürliche Materialien, wie z.B. Schafsdärme, schützen nicht vor der Übertragung von HIV.

Latex
Ein Material, das auf einen kleinen Kreis von Menschen eine erotisierende Wirkung ausübt, weswegen sie sich gerne darin kleiden und Sex darin haben.

Leder
Kleidungsstücke aus schwarzem Leder sind in den Augen einiger Männer extrem männlich und fühlen sich wie eine zweite, schützende Haut an. Der animalische Geruch erregt und verführt zu aggressivem, intensivem Sex.

Natursekt
NS ist eine Umschreibung für Sexpraktiken, bei denen menschlicher Urin zum Einsatz kommt.

Outing
Aus der amerikanischen Schwulenbewegung übernommen, umschrieb es in den 90ern das erzwungene Coming-out öffentlicher Personen. Heute ist es ein Synonym dafür, Promis v.a. in der Boulevardpresse für ihren Drogenkonsum, ihre Sexpraktiken oder ihre Untreue anzuprangern.

Piercing
Piercing bezeichnet das Einbringen von Ringen oder Stäben unter der menschlichen Haut. Obwohl die Ursprünge in der westlichen Welt aus dem Bodycult und der SM-Szene kommen, betrachten es die meisten Jugendlichen als Trend bzw. als Form des Selbstausdrucks.

Poppers
Stark riechende Flüssigkeit, die medizinisch bei Verengung der Herzkranzgefäße eingesetzt wurde, weil sie die Arterien erweitert und damit den Blutdurchfluss erhöht. Einige Menschen atmen die Dämpfe während des Sex ein, weil es ihre Erregung steigert. In Kombination mit Viagra kann Poppers tödlich wirken.

Portal
Auf schwulen Internetportalen kann man eine so genannte Homepage oder ein Profil hinterlassen (Foto, persönliche Daten, sexuelle Vorlieben und Suchwünsche), durch das man mit anderen Suchenden in Kontakt tritt, um zu chatten, Freundschaften aufzubauen oder sich für Sex zu verabreden.

Prinz Albert
Ein meist ringförmiges Piercing, das durch die Harnröhre direkt hinter die Eichel an der Unterseite des Penis gestochen wird. Geht angeblich auf Prinz Albert von Coburg, den Gatten der englischen Königin Viktoria (1819 – 1861), zurück.

Promiskuität
Als promisk bezeichnet man Menschen, die einen hohen Durchlauf an verschiedenen Geschlechtspartnern haben. Das Wort wird in der Regel eingesetzt, um dieses Verhalten moralisch zu verurteilen.

Prostata
Kastaniengroße Drüse unterhalb der Harnblase, in der Samenflüssigkeit produziert wird. Stimulierung (mit Hilfe eines Fingers, Dildos oder Penis) kann lustvoll wirken, einige Männer kommen allein dadurch zum Orgasmus.

PVC
Ein Material, das auf einen kleinen Kreis von Menschen eine erotisierende Wirkung ausübt, weswegen sie sich gerne darin kleiden und Sex darin haben.

Queer Identity
Queer Identity wird heute analog zu dem Begriff Drittes Geschlecht verwendet, also nicht primär als lesbisch, schwul, transgender oder intersexuell, sondern übergeordnet.

Rosa von Praunheim
Der wohl produktivste schwule Filmemacher der Welt. Als Holger Mischwitzky 1942 in Lettland geboren, hat der Wahlberliner bis heute viele Filme über Homosexuelle und Aids gedreht. Zu seinen bekanntesten zählt *Nicht der Homosexuelle ist pervers, sondern die Situation in der er lebt* von 1970. Daneben schreibt er Hörspiele, Theaterstücke und Bücher.

Sadomasochismus
„Sadomasochismus ist ein Dachbegriff für eine Vielzahl von sexuellen Neigungen und Vorlieben, die sich alle irgendwie auf erotische Art mit Macht und Ohnmacht, Schmerz und Hingabe beschäftigen. Zu diesem Sammelsurium gehören zum Beispiel Fesselspiele (Bondage), Schlagspiele und Rollenspiele."
Aus www.datenschlag.org.

Safer Sex
Bezieht sich vornehmlich auf Maßnahmen, die die Gefahr einer Infektion mit HI-Viren mindern. Nicht zu verwechseln mit Safe Sex, der die Gefahr ausschließt. Genaueres dazu auf den Seiten 176 und 177.

Schwestern der Perpetuellen Indulgenz
(Aus dem Englischen: *perpetual indulgence* lässt sich mit „immerwährender Ablass", aber auch mit „andauernde Lebensfreude" übersetzen.) Die „schwulen Männer im Nonnenfummel" mit weiß grundiertem Gesicht (das den Tod symbolisieren soll, dem durch farbige Akzente das Leben und die Freude entgegen gesetzt werden) nutzen bewusst Ordensstrukturen, um einen Dienst an der Gemeinschaft zu leisten: Die Safer Sex-Utensilien, die sie während ihrer Aktionen verschenken, werden den Ordenshäusern von Sponsoren zur Verfügung gestellt.

Schwulenberatung
Beratungsstellen, die sich vorwiegend um die Sorgen und Nöte männlicher Homosexueller kümmern, in der Regel aber auch an Ansprechpartner

für die Themen Bisexualität und Transgender weitervermitteln können.

Sexpartys
Veranstaltungen, die von Clubs oder Organisation ausgerichtet werden, um Menschen die Möglichkeit zu bieten, miteinander Sex zu haben. Die Partys können eine thematische Ausrichtung haben, wie z.B. Bären oder Leder, oder auf bestimmte Sexpraktiken ausgerichtet sein, wie SM oder Onanieren (jerk-off).

Sextoys
Englisch für Sexspielzeug. Gegenstände, die beim Sex angewendet werden können, darunter Dildos, Cockringe, Peitschen.

Skinheads
Die Skinheads gehen auf die gleichnamige Bewegung englischer Arbeiterkinder Ende der 60er Jahre zurück, die sich in verschiedene politische Richtungen und Interessensgruppen spaltete. Die Gay Skinhead Movement (GSM) sagt der Homophobie in der Skinhead-Szene den Kampf an, distanziert sich jedoch gleichzeitig und ausdrücklich von der Community.

SM
Abkürzung für Sadomasochismus.

Stonewall
Als am 28. Juni 1969 die Polizei wieder einmal Razzien in der Szene veranstaltete, hatten die Besucher des Stonewall Inn (Bar in New York City) die Nase voll. Einige Faktoren kamen zusammen, u.a. die Trauer über die kürzlich verstorbene Ikone Judy Garland. Die erste Bierflasche flog, die Schlacht zwischen Polizei und Transvestiten begann (der genaue Tathergang ist bis heute nicht geklärt), wochenlange Straßenkrawalle folgten, die heutige Lesben-, Schwulen- und Transbewegung nahm ihren Anfang.

Telefonsex
Sex, bei dem man einem (bekannten oder unbekannten) Partner über das Telefon mitteilt, was man für erotische Wünsche hat bzw. was man mit ihm anstellen würde.

Transgender
Menschen, die sich mit dem zugewiesenen Geschlecht falsch oder unzureichend beschrieben fühlen bzw. Geschlechtszuweisungen grundsätzlich ablehnen.

Transsexualität
Transsexualität beschreibt das Phänomen, dass Menschen, die körperlich eindeutig einem Geschlecht zugerechnet werden, sich aber gefühlsmäßig dem anderen Geschlecht zugehörig fühlen und alles, bis hin zur Geschlechtsanpassung einsetzen, um dem gefühlten Geschlecht körperlich und sozial möglichst vollständig anzugehören.

Tunte
Als Tunten werden in heterosexuellen, aber auch manchen homosexuellen Kreisen Schwule definiert, die durch ein besonders affektiertes Verhalten auffallen. Dort wird das Wort oft mit Begriffen wie Travestie, Transvestit oder Transgender gleichgesetzt und als Schimpfwort benutzt.

Viagra
Tabletten, mit denen sich die Dauer der Erektion verlängern und selbst nach dem Orgasmus noch aufrechterhalten lässt. Ihre Wirkung hält etwa vier Stunden an. Zu den Nebenwirkungen zählen Sehstörungen und Kopfschmerzen, zusammen mit Poppers kann Viagra zum Herzstillstand führen.

WISSEN IST MACHT!

Wie ich schon mehrmals erwähnt habe: Wissen unterstützt den Prozess, ein solides Selbstverständnis zu entwickeln und (Selbst-) Zweifel und Vorurteile abzubauen. Deshalb solltest du dich informieren ...

- über Homosexualität im Allgemeinen (auch über die Geschichte ihrer Unterdrückung) – um dein Leben in einem größeren Kontext zu verstehen.

- über die politische Situation und aktuelle Entwicklungen in deinem Umfeld sowie im Rest der Welt – sodass du dich vor Diskriminierung schützen und politisch aktiv werden kannst.

- über andere Sexualität(en) – um dein Bewusstsein zu erweitern.

- über Sex – um zu verstehen, warum wir den überhaupt haben und mehr daraus zu machen als Zeitvertreib.

- über Krankheiten, Übertragungswege, Symptome – damit du dich und andere schützen kannst.

Quellen dafür sind das Internet (Links siehe unten), Tageszeitungen, die schwule Presse (überregionale Zeitschriften wie *Du&Ich*, *Männer aktuell*) – und Bücher, von denen ich nachfolgend einige wenige aufliste.

RATGEBER UND SACHBÜCHER

über schwule Geschichte

- Schwules Museum Berlin: 100 Jahre Schwulenbewegung, Verlag Rosa Winkel, 1997.
- Felix Rexhausen: Berührungen – Eine Zeitreise durch die 1960er Jahre, 2003.
- James Steakley: Die Freunde des Kaisers, 2004.

über das schwule Leben im Allgemeinen

- Axel Krämer: Grenzen der Sehnsucht, 2005.
- Axel Schock und Manuela Kay: Out im Kino, 2005.
- Detlef Grumbach (Hg): Was heißt hier schwul? – Politik und Identitäten im Wandel, 2002.
- Joachim Schledt: Die Sozialisation zur schwulen Identität, 2002.
- Kriss Rudolph: Paaroli! Schwule in jeder Beziehung, 2004.
- Michael Bochow, Ich bin doch schwul und will das immer bleiben – Schwule Männer im dritten Lebensalter, 2005.
- Rainer Hörmann und Jim Baker: Der Bärenkult. Das Tier im Mann!, 2004.
- Stefan Mielchen, Klaus Stehling (Hg), Schwule Spiritualität, Sexualität und Sinnlichkeit, 2001.

für Schwule und deren Angehörige

- Christoph Behrens, Rüdiger Sachau (Hg.): Homosexualität – Herausforderung für die Familie, 2000.
- Dr. Rolf Winiarski: Coming-out total, 2002.
- Ellen Bass, Kate Kaufmann: Wir lieben, wen wir wollen, 1999.
- Hans Georg Wiedemann: Homosexuell, 2005.
- Lutz van Dijk: Homosexuelle zwischen Todesstrafe und Emanzipation, 2001.

für das Leben mit Aids

In Sachen Aids ist es wichtig, immer auf dem neuesten Stand zu sein, daher solltest du dich bei deinem Arzt oder der örtlichen Aidshilfe nach dem aktuellen Ratgeber erkundigen.

für schwule Väter, Ehemänner und deren Frauen

- Bastian Brisch: Seitenwechsel, 2000.
- Bettina von Kleist: Mein Mann liebt einen Mann, 2003.

für Kinder von Homosexuellen

- Uli Streib-Brzic & Stephanie Gerlach: Und was sagen die Kinder dazu?, 2005.

für Eltern

- Heidi Hassenmüller: Warum gerade mein Kind?, 2006.

für Bisexuelle

- Marjorie Garber: Die Vielfalt des Begehrens, 2002.
- Willhart Schlegel: Bisexualität des Mannes, 1994.

für Trans- und Intersexuelle

- Annamarie Jagose: Queer Theory, 2004.
- Riki Wilchins: Gender Theory. Eine Einführung, 2006.
- Matt Kailey: Just al hormones. An insiders guide to a transsexuel experience.

für Sex

- Bruce Anderson: Tantra für Schwule, 2004.
- Micha Schulze & Christian Scheuß: Gay Online Dating, 2005.
- Stephan Niederwieser: Blas mich! Mehr Spaß beim Oralsex, 2006.
- Stephan Niederwieser: Bück dich! Mehr Spaß Beim Analsex, 2006.
- Stephan Niederwieser: Sextips für Schwule, 2004.
- Tom Schmitt: Bondage – Ausstieg aus der Selbstkontrolle, 2002.

für Asexuelle

Da es bisher keine deutschsprachigen Bücher gibt, verweise ich auf eine Sammlung von Artikeln, an die man über die Seite von AVEN gelangt: www.asexuality.org/de/index.php?option=com_weblinks&catid=14&Itemid=49

Lebenshilfen allgemein

- Anne Wilson-Shaef: Leben im Prozess, 2004.
- Eckhard Tolle: Jetzt, 2002.
- Heinrich von Kleist: Über die allmähliche Verfertigung der Gedanken beim Reden, 1988.
- Nathaniel Branden: Die 6 Säulen des Selbstwertgefühls, 2002.
- Pema Chödrön: Wenn alles zusammenbricht. Hilfestellung in schwierigen Zeiten, 2001.

PROSA

- Andreas Steinhöfel: Die Mitte der Welt, 2004.
- Arthur Knebel: Loswerden, 2002.
- Detlev Meyer: Korrekte Anmache, 2004.
- Gordon Merrick: Ein Fall von Liebe, 1999.
- Jan Stressenreuter: Love to Love You, Baby, 2002.
- Jim Grimsley: Dream Boy, 2003.
- Jim Provenzano: Wrestling Team, 2004.
- Joachim Bartholomae (Hg.): Lauter schöne Lügen, 2000.
- Luis Algorri: Du hörst von mir, 2005.
- Lutz van Dijk: Überall auf der Welt, Coming-out-Geschichten, 2002
- Marcus Brühl: Henningstadt, 2005.
- Mario Wirz: Es ist spät, ich kann nicht atmen, 2005.
- Michel Trembley: Der Mann in Papis Bett, 2005.
- Peter Hofmann: Allein die Welt dazwischen, 2001.
- Stefan Gellner: Liebe in diesem Augenblick, 2003.
- Stephan Niederwieser: An einem Mittwoch im September, 2005.
- Ted van Lieshout: Bruder, 2004.

HÖRBUCH

- John Fox: Die Jungs auf der Klippe, 2006.
- Patricia Nell Warren: Der Langstrecken Läufer, 2006

FILME

- Ang Lee: Brokeback Mountain
- Ang Lee: Das Hochzeitsbankett
- C. Jay Fox: Latter Days
- Èmile Gaudreault: Mambo Italiano
- Ferzan Ozpetek: Hamam
- Francois Ozon u.a.: Erstes Mal
- Frank Mosvold: Kostbare Augenblicke
- Gael Morel: Bruderliebe
- Heiner Carow: Coming out
- Hettie MacDonald: Beautiful Thing
- Jan Iqbal Rashid: Touch of Pink
- Jonathan Demme: Philadelphia
- Marco Kreuzpainter: Sommersturm
- Martin Gypkens: Wir
- Sébastien Lifshitz: Sommer wie Winter
- Ventura Pons: Früchte der Liebe

FOTOS IN DIESEM BUCH

Für die Illustrationen in diesem Buch gibt es mehere Quellen, wie das Impressum zeigt. Aufgrund der Vielzahl der verwendeten Abbildungen sollen aber folgende Bildbände noch einmal explizit erwähnt werden:

- Ohm Phanphiroj: Rare Views, 2006
- Bel Ami, Summer Diary 2006
- Bel Ami, Lukas in Love, 2005

ANLAUF-STELLEN

Überfalltelefone

Leider passiert es immer wieder, dass irgendwelche Hohlköpfe auf die Idee kommen, sie müssten andere, deren Hautfarbe, Einstellung oder Lebensart ihnen nicht in den Kram passt, belästigen oder gar verprügeln. Davon bleiben auch Schwule, Bisexuelle und Transgender nicht verschont.
Es ist wichtig, dass jeder Fall gemeldet wird, auch wenn es „nur" heftige Pöbeleien waren. Warum?

Weil verbale Pöbeleien, die ungeahndet bleiben, oft der erste Schritt zum Angriff auf die Person sind.
Ein Übergriff ist für jeden (J-E-D-E-N) eine traumatische Erfahrung. Angst und Ohnmachtsgefühle können die Folge sein, aber auch harmlos erscheinde Beschwerden wie starke Unruhe, Konzentrationsschwäche, Schlaflosigkeit, bis hin zur Depression.
Wenn du angepöbelt oder überfallen wurdest oder Zeuge eines Überfalls geworden bist solltest du mit jemandem sprechen, dem du vertrauen kannst.
Oft ist es schwierig, seine Rechte gegenüber öffentlichen Stellen (Polizei, Versicherungen, Medien) wahrzunehmen. Da hilft es, jemanden mit Erfahrung an seiner Seite zu haben.
Du hilfst anderen damit, wenn du mit deiner Anzeige dafür sorgst, dass solche Straftaten verfolgt werden. Entweder, weil deine Aussage das fehlende Puzzlestück liefern kann, um den Täter dingfest zu machen, oder weil durch die Meldung klar wird, dass in bestimmten Gegenden mehr Streifen gefahren werden müssen.
Das gilt übrigens auch für Gewalt, die in Beziehung erfahren wird. Wende dich an eine der nachstehenden überregionalen Überfallberatungsstellen. Keine Angst: Beratung, selbst Hilfe bekommst du auch, wenn du anonym bleiben willst.
Die Beratungsstellen sind auf DEINER Seite.

■ Deutschland
Maneo, 030/216 33 36,
täglich von 17-19 Uhr.
www.maneo.de

■ Österreich
Hosi, 01/2166604,
Di-Do 19-21 Uhr.
www.hosiwien.at

■ Schweiz
Beratungstelefon RainbowLine,
0848/80 50 80,
Mo-Fr von 19-21 Uhr. In den übrigen Zeiten: Schweizerische Schwulenorganisation PINK CROSS:
031/372 33 00.
www.pinkcross.ch.

EVENTS, TREFFEN

Deutschland

■ CSDs Deutschland (von Mai bis August): www.csd-deutschland.de
■ Karneval Köln (zur Karnevalszeit)
■ Straßenfest Berlin (am Wochenende vor dem CSD)
■ Hans-Sachs-Straßenfest München (Mitte August)
■ Ledertreffen Hamburg (erstes Wochenende im August): www.spike-hamburg.de
■ Ledertreffen Berlin (Ostern): http://blf.de/de/blf.htm
■ Bärentreffen Köln (Dezember): www.bears-cologne.de
■ Folsom Street Fair Berlin (September): www.folsomeurope.com

Österreich

■ Regenbogenparade Wien (Österreichs CSD, Ende Juni/Anfang Juli): www.hosiwien.at/parade/parade.html

Schweiz

■ CSD Zürich (Juni): www.csdzurich.ch

Rest der Welt

■ Mardi Gras, Australien (zur Karnevalszeit)
■ Königinnentag, Amsterdam (30. April)
■ Gay Games (olympische Spiele): www.gaygames.com
■ Eurogames www.eurogames.info

SCHWULE BUCHLÄDEN

Berlin
- Adam, Gleimstraße 27 (Prenzlauer Berg)
- Bruno's, Bülowstraße 106 (Schöneberg)
- Eisenherz, Lietzenburger Straße 9a (Schöneberg), www.prinz-eisenherz.com
- Janssen, Pariser Straße 45, http://galerie-janssen.de

Dortmund
- Litfass, Münstererstr. 107 www.litfass-buecher.de

Frankfurt
- Buchladen Oscar Wilde, Alte Gasse 51 www.oscar-wilde.de

Hamburg
- Bruno's, Danziger Straße 70
- Männerschwarm, Lange Reihe 102 www.maennerschwarm.de

Köln
- Bruno's, Friesenwall 24

Mannheim
- Der Andere Buchladen, M2, 1, www.der-andere-buchladen.de

München
- Max&Milian, Ickstattstraße 2
- Bruno's, Thalkirchner Straße 4

Stuttgart
- Buchladen Erlkönig, Nesenbachstraße 52 http://buchladen-erlkoenig.de

Wien
- Löwenherz, Berggasse 8 www.loewenherz.at

Schweiz
- Orell Füssli www.books.ch

INTERNET-SEITEN

Gesundheit
- Bundeszentrale für gesundheitliche Aufklärung: www.bzga.de
- Robert-Koch-Institut: www.rki.de

HIV
Die Anlaufstelle in deiner Nähe findest du auf den Webseiten der landesweiten Aidshilfen.
- D: www.aidshilfe.de
- Ö: www.aidshilfen.at
- S: www.aids.ch.

- Ein Infizierter, der sein Leben mit HIV schildert: www.Uwegoerke.de

(Homo-)Sexualität im Allgemeinen
- Profamilia (für selbstbestimmte Sexualität): www.profamilia.de
- Schwulen- und Lesbenverbände über Homosexualität: www.homosexualitaet.de

Schwulsein: Jung, alt, Vater, Ehemann ...
- www.schwulenberatung.de
- www.easyout.de
- www.seidu.de
- Ö: HOSI (Homosexuelle Initiative Wien): www.hosiwien.at, www.maennerberatung.at
- S: Pink Cross (Offizielle Vertretung der Schwulenorganisationen): www.pinkcross.ch www.haz.ch

Seminare und Gruppen
- www.Waldschloesschen.org

- Eine Datenbank mit Jugendgruppen findest du auf www.lambda-online.de

Speziell für junge Schwule
- Seidu.de – Onlinemagzin für Jugendliche aller sexuellen Orientierungen.
- www.comingouthelp.de
- www.lambda-online.de
- www.rose.ch
- www.spot25.ch

Junge Schwule in Not
- www.mit-dir-projekt.de
- Die Dargebotene Hand: www.143.ch

Behinderte Schwule
- www.Schwubb.de

Asexuelle
- www.asexuality.org/de

Schwule und Glauben
- Ökumenische Arbeitsgruppe HuK: Homosexuelle und Kirche im deutschsprachigen

Raum. Alle Adressen und Termine für Treffpunkte bzw. Messen über http://huk.org.

- schwule Juden, mit Links zu befreundeten Gruppen und Vereinen: www.yachad-deutschland.de

Anlaufstellen für Bisexuelle

- D: Bine (Bisexuelles Netzwerk e.V.): www.bine-web.de
- Ö: austria.bi.org
- CH: HAZ (Homosexuelle Arbeitsgruppen Zürich): www.haz.ch

Anlaufstellen für Genderfragen

- www.trans-eltern.de
- www.dgti.org

Angehörigengruppen

- D: Eltern: (Bundesverband der Eltern, Freunde und Angehörigen von Homosexuellen e.V.): www.befah.de
- CH: Fels (Freunde und Eltern von Lesben und Schwulen): www.fels-eltern.ch
- Partnerinnen bi- oder homosexueller Männer: www.tangiert.de oder www.hetera.ch

Sonstige Anlaufstellen für Schwule

- LSVD (Lesben- und Schwulenverband in Deutschland): www.lsvd.de

Manager

- D: Völklinger Kreis e.V. (Bundesverband schwuler Manager): www.vk-online.de

- CH: NETWORK (Vereinigung schwuler Führungskräfte der Schweiz): www.gaymanager.ch

Migranten

- www.miles.lsvd.de

Weblogs

- Ringelpietz (Schwule Weblogs auf Deutsch): www.0000ff.de/webring/index.php?ID=1

ZUVERSICHT

Erdgebunden
vergehen die Jahre
Wir folgen
der Kriechspur
Entfesselt
Im Schlaf der Raupe
eine andere Zeit
Noch fern
entpuppt sich
diese Stunde
als Schmetterling

Mario Wirz

Dank

Ich danke allen Freunden, die mir offenherzig ihre Geschichten erzählt und das eine oder andere Geheimnis anvertraut haben.

Ich danke meinen Interviewpartnern, die mir tiefe Einblicke in ihr Privatleben, in die schauerlichsten, romantischsten und verblendetsten Momente ihres Lebens gewährt haben.

Danke all den Unbekannten, die ihre Geschichten im Internet hinterlegt haben, damit andere aus ihnen lernen können.

Danke all den Freiwilligen, die seit Jahr und Tag in ehrenamtlicher Mitarbeit andere beraten und ihnen helfen.

Danke den Autoren, die ihre Erlebnisse und Erfahrungen in Ratgeber einfließen ließen und immer wieder lassen oder Geschichten daraus stricken, die andere nicht nur unterhalten, sondern zum Nachdenken anregen.

Und danke den Verlagen, die mit ihren Büchern und Zeitschriften dazu beitragen, Verständnis für Andersfühlende zu wecken.

Auch die offiziellen Stellen will ich nicht vergessen. Ich danke den Ministerien und Institutionen, die mit Geldern und Tatkraft die Projekte Andersfühlender unterstützen, allen Forschern, die in Sachen Sexualität publizieren und zur Aufklärung beitragen.